改訂版 赤ちゃんのための補完食入門

内科医 相川晴 著
管理栄養士 川口由美子 監修

彩図社

はじめに

突然ですが、「補完食」ってなんでしょうか？

補完食とは、ＷＨＯ[註1]（世界保健機関）が提唱する、科学的な根拠に基づいた、赤ちゃんの成長に必要な栄養を補う食事のことです。日本の「離乳食」と似ていますが、いくつか異なる点があります。例えば、離乳食は月齢を目安に１回食、２回食……と進めていきますが、補完食は１日２回の食事からスタートするよう勧められています。

ただし、補完食は離乳食を否定するものではありません。少しの知識さえあれば、日本の食材や離乳食のレシピで「補完食」を行うことができます。実際、離乳食も近年は補完食に近づいています。２０１９年に厚生労働省が改定した「授乳・離乳の支援ガイド」では、「補完食」という言葉や、「６ヶ月から鉄を」という考え方が盛り込まれました。

ただ、補完食を実践しようと思った時に、日本語の参考になる本やサイトが少ない！というのが、現状であり、この本を書き始めたきっかけです。

この本では、補完食ってなんだろう？　ということからスタートして、日本の離乳食との違いや長所短所、その考え方を解説しています。

補完食はとてもシンプルで科学的、かつかなり自由です。しかし、自由すぎて、「日本の食材でどうやって進めたらいいの?」という悩む方も多いでしょう。そこで、私が実際に娘と取り組んだ「日本で実践する補完食」のやり方、進め方、レシピも紹介しています。また、市販のベビーフードに工夫を加えて活用するコツも掲載しました。

今回、2023年にWHOが補完食のガイドラインを更新したため、本書も改訂版として全体を書き直しました。新しいガイドラインでは、母乳育児に加えて、ミルク育児や低・中・高所得国の赤ちゃんもターゲットであることが明記されました。本書では矛盾のない範囲で前回のガイドラインの重要部分も活かしつつ、新たなガイドラインの内容をわかりやすく解説しています。

あなた自身のやりやすい「補完食」の方法を見つけるヒントになると嬉しいです。

さあ、赤ちゃんのための補完食入門、はじまりです。

註1　World Health Organization、世界保健機関。世界の人が健康に安全に過ごせるように活動している国際連合の専門機関

ガイドラインが更新された理由

2023年、WHOが補完食のガイドラインを更新しました。

前回のガイドラインが出てから約20年、その間に出た様々なデータを盛り込み、栄養不足・過体重・肥満等の問題にも焦点をあて、母乳で育てられている赤ちゃんとミルクで育てられている赤ちゃん、また低・中・高所得国に住む子どもたちをターゲットとしています。

要するに、世界中ほぼ全ての赤ちゃんの食事についてのガイドライン、と言ったところでしょうか。

今回のガイドラインでは、早産児・低出生体重児、急性の栄養失調や重篤な疾患に罹患中・回復中のお子さん、（災害や紛争といった）緊急事態にあるお子さん、障害を持つお子さんのニーズは満たしておりません。WHOの他ガイドラインで対応されています。

（本書では、そういったお子さんであっても、赤ちゃんの食事の進め方の参考としてもらえるよう、できる限りの工夫をしておりますが、WHOの新しいガイドライン自体は対応していないと認識してください)。

また、世界中の赤ちゃんみんなに合う食品の「量」を設定するのは難しいため、今回のガイドラインでは量についての基準はありません。私も「赤ちゃんに合わせて」量の増減をしていただけたら十分と思っています。

ただ、ある程度の目安の量が知りたい方が多いと思いますので、厚生労働省の「授乳・離乳の支援ガイド」、「日本人の食事摂取基準」、過去のWHO補完食のガイドライン等WHOの資料を元に、目安の量を記載しています。

ただ、あくまでもこれらは目安の量であり、赤ちゃんの食欲や必要に応じて増減していいんだよ、ということは強調して申し上げたいところです。

また、新しいガイドラインでは記載がないけれども、旧ガイドラインには書かれていてわかりやすい部分は、新しいガイドラインと矛盾がない範囲で紹介いたします。

赤ちゃんのための
補完食入門
contents

第3章 補完食の作り方と食べさせ方

補完食のQ&A

補完食に取り入れたい！ 栄養素別食品リスト

ベースの補完食レシピ

献立例の補完食レシピ

初 …初期にお勧め
中 …中期にお勧め
後 …後期にお勧め
完 …完了期にお勧め

本書の使い方

本書を手に取られている方のほとんどは、現在育児中、またはこれから育児をされる予定の方ではないでしょうか。

お忙しい中、本書を手に取っていただきありがとうございます。

全てを読んでいただくのは大変だと思いますので、項目ごとに最初にその項目の要約をつけました。

良ければまずこの要約を読んでいただいて、深く知りたいと思ったところをじっくり読んでいただければと思います。

レシピや実践的な方法は第3章にまとめましたので、そこを中心に見ていただくのもお勧めです。

どうぞお気軽に補完食を取り入れてください。

WHOが推奨する補完食とはなにか

【要約】補完食とは、母乳・ミルクに加えて与える、母乳・ミルクだけでは足りない栄養を補う赤ちゃんの食事のことです。

補完食と離乳食の違い

さて、「はじめに」でも少し触れましたが、一体補完食とはなんなのでしょうか？

補完食はＷＨＯ（世界保健機関）が推奨している、日本で言うところの「離乳食」にあたります。しかしこの補完食、離乳食とはちょっと定義が違います。

まずは「離乳食」がなにか考えてみましょう。

第１章　補完食とはなにか ～離乳食との違いから見る補完食～　12

一般的な離乳食のイメージ

母乳・ミルク　食事

置き換えていく

少し古いのですが、２００７年に厚生労働省により出された「授乳・離乳の支援ガイド」を紐解きますと、「離乳とは、母乳または育児用ミルク等の乳汁栄養から幼児食に移行する過程をいう。」と書かれています。

この言葉だけから考えると、離乳食は「乳」から「離」れるための「食」事と書くため、「母乳やミルクをやめて、普通の食事を食べられるように練習するための食事」と、連想される方が多いのではないでしょうか。

これに対して、補完食は文字通り「補完」するための「食」事です。

さて、なにを補完するのでしょうか？

赤ちゃんは生まれてきて母乳やミルクを飲ん

13　ＷＨＯが推奨する補完食とはなにか

第1章
補完食とはなにか
～離乳食との違いから見る補完食～

ＷＨＯが推奨する補完食とはなにか

【要約】補完食とは、母乳・ミルクに加えて与える、母乳・ミルクだけでは足りない栄養を補う赤ちゃんの食事のことです。

補完食と離乳食の違い

さて、「はじめに」でも少し触れましたが、一体補完食とはなんなのでしょうか？

補完食はＷＨＯ（世界保健機関）が推奨している、日本で言うところの「離乳食」にあたります。しかしこの補完食、離乳食とはちょっと定義が違います。

まずは「離乳食」がなにか考えてみましょう。

一般的な離乳食のイメージ

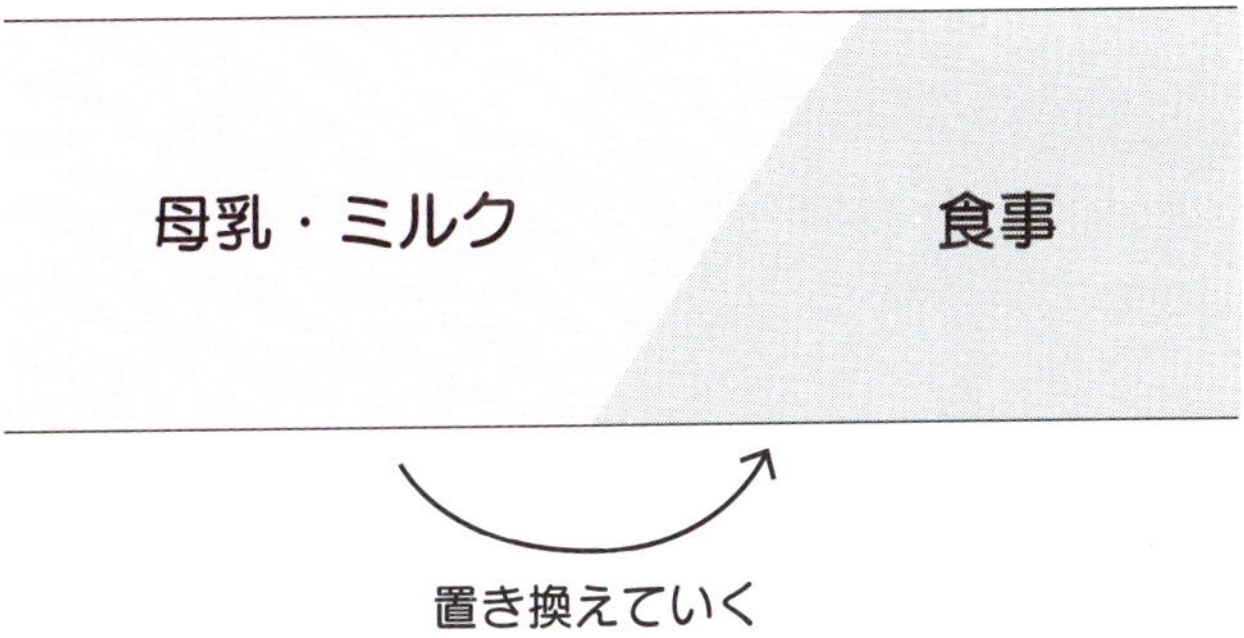

少し古いのですが、2007年に厚生労働省により出された「授乳・離乳の支援ガイド」を紐解きますと、「離乳とは、母乳または育児用ミルク等の乳汁栄養から幼児食に移行する過程をいう。[1]」と書かれています。

この言葉だけから考えると、離乳食は「乳」から「離」れるための「食」事と書くため、「母乳やミルクをやめて、普通の食事を食べられるように練習するための食事」と、連想される方が多いのではないでしょうか。

これに対して、補完食は文字通り「補完」するための「食」事です。

さて、なにを補完するのでしょうか？

赤ちゃんは生まれてきて母乳やミルクを飲ん

補完食のイメージ

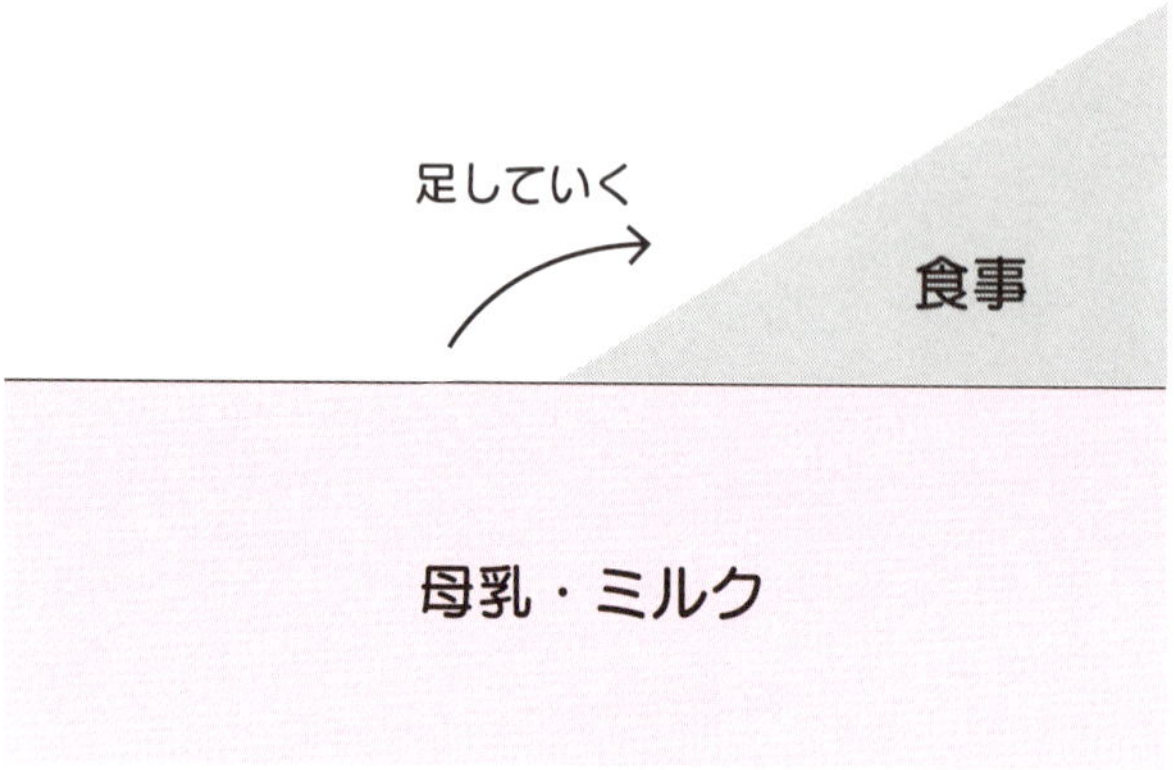

で育ちます。他に食べ物はいりません。

ところが赤ちゃんは成長します。段々体が大きくなってきますと、徐々に母乳やミルクだけでは栄養が足りなくなってきます。これが大体6ヶ月頃です。

そのため、**母乳やミルクだけでは足りない栄養を「補完」する「食」事が必要**になります。それが**「補完食」**です。

あくまでも**母乳やミルクがベース**になります。WHOの表現を借りるなら、母乳に「加えて」食べ物を与えることが補完食です[116]。補完食を食べさせているからと、母乳を減らす必要はなく、今まで通り赤ちゃんが欲しがるだけ与えてかまいません。特に補完食を始めたばかりの頃は、母乳が栄養の主体ですし、WHOは2歳まで授乳を続けることを推奨しています。補完食を食べているうちに、徐々に家庭の食事に馴れ、最終的には母乳やミルクがなくとも食事だけで栄養を全て補うことができるようになってきます。

このように、補完食は、離乳食という文字から想像されるような「母乳をやめるための食事」「母乳から普通の食事への移行期間」とは少々異なる概念となります。

「えっ？　日本の離乳食と違うの？　そんな勝手なことをして大丈夫？」と心配になる方もいるかもしれません。

補完食と離乳食、言葉も違えば定義も違います。

でもどちらも「赤ちゃんが元気に成長して、家族と楽しく食事ができるように」という目的は同じです。

そして、よーく二つを比べてみると、実は大きな道筋はほとんど同じなんです。補完食は、これまでの離乳食を否定するような内容ではありません。

実は厚生労働省も補完食のことを知っています。

先ほど引用した「授乳・離乳の支援ガイド」は2019年に「授乳・離乳の支援ガイド（2019年改定版）」に改定されています。

こちらの中では、「離乳とは、成長に伴い、母乳又は育児用ミルク等の乳汁だけでは不足してくるエネルギーや栄養素を補完するために、乳汁から幼児食に移行する過程をいい、その時に与えられる食事を離乳食という。」と変更され、更に**「離乳の完了は、母乳または育児用ミルクを飲んでいない状態を意味するものではない。」**[2]と明記されています。

内容についても、2007年と比較して、少々補完食を意識した内容になっています。

例えば、赤ちゃんが大きくなる時に重要な「鉄」について。

こちらは2007年は「生後**9か月以降**は、鉄が不足しやすいので」という記載になっていますが、2019年の改定版では「母乳育児の場合、生後**6か月**の時点で、ヘモグロビン濃度が低く、鉄欠乏を生じやすいとの報告がある」といった文章に変更されています。

しかし、改定されたのが比較的最近であること、また従来の離乳食からかけ離れた変更点はなかったこともあり、インターネットや書籍の離乳食の情報も、まだ従来の離乳食から大きく変更はされていないのが現状です。

そのため、本書で補完食の知識を補ってから、赤ちゃんの食事を準備していただきたいのです。

「でも補完食って難しいんでしょ……？」という方、朗報です。

むしろ、**離乳食より補完食は自由です。難しい食材の決まりなどはありません。**

ちょっと足りない栄養を意識して、今の離乳食よりちょっと早く2回食3回食に進めるイメージ。

私も難しいのは嫌いです。そして手間がかかるのはもっと嫌いです。

この本を使って、従来の離乳食の知恵やレシピを活かしつつ、かつ赤ちゃんの足りない栄養を補えるような日本向けの「補完食」について、一緒に考えてみませんか。

離乳食の特徴及び利点と欠点

【要約】従来の離乳食は日本の実情に沿っており、情報も多いです。しかし、栄養の視点が少々欠けており、また、母乳やミルクをやめるというイメージがついてしまっています。

従来の離乳食の特徴

従来の日本の離乳食は、決して悪いものではありません。おそらくこれを読んでいるみなさんも、そして私自身も従来の離乳食で育ってきました。特に問題なく大きくなったよ、という方がほとんどではないでしょうか。

補完食の話の前に、「従来の離乳食ってどんなもの？」という前提知識を簡単に説明します。文献によりばらつきはありますが、従来の離乳食は次のような特徴があります。

・つぶして裏ごしした十倍粥《がゆ》（お米の10倍の水で炊いたお粥）からスタート
・月齢・摂食機能に応じて離乳食初期・中期・後期・完了期と分かれている
・初期はにんじん、じゃがいも、かぼちゃなど。たんぱく質は最初は豆腐、慣れたら白身魚やしらす、肉はまずは脂身の少ない鶏ささみ肉……といったように、離乳食の時期に応じて食材が細かく指定されていることが多い
・授乳は離乳食の後にと言われることが多い
・1回食、2回食、3回食と時期によって食べさせる回数が変わる

従来の離乳食の利点と欠点

それでは、従来の離乳食のなにがよくて、どこに問題があるのか。それを次のページにまとめます。従来の離乳食には利点もありますが、欠点もあります。

離乳食の利点

● 日本の食生活に合っている

従来の離乳食は、日本で手に入りやすい食材を、日本の食文化・食生活に合った方法で、赤ちゃんの食べやすい形に調理する、というテクニックの集大成とも言えます。他国の離乳食と比較されることもありますが、やはり「自分の食生活と合っている」というのは、離乳食を準備する人にとって大切な事ではないでしょうか。

● これまでみんながやってきたことなので安心感がある

従来の離乳食の影響で成長が著しく悪い……ということはなさそうだと感じる方が多いと思います。 経験上、どうやら大きな問題はなさそう、これまでみんながやってきたことだから大丈夫、という安心感があるのではないでしょうか。

● 相談できる相手がたくさんいる・書籍もたくさんある

これも大事なポイントです。初めて赤ちゃんに食べさせる食事ですから、悩みがつきません。食べない悩み、食材の悩み、進め方の悩み……例えば市区町村の保健師さんに相談してもいいですし、家族や友達の話も参考になるでしょう。本屋に行けばたくさんの離乳食の本が売られています。相談できる相手がいる、本などで調べることが簡単にできるというのは、利点だと思います。

● 細かくやり方が決まっているから悩まないで済む

参考にする本やサイトによって差はありますが、やり方が大体決まっていると感じると思います。「授乳・離乳の支援ガイド」を基本として書かれている本が多いと思いますが、離乳食初期にはこんな食べ物をあげて、中期には２回食に、後期になったら……といった流れがある程度はっきりしています。あまりやり方に悩まなくて済むというのは利点の一つですね。

離乳食の欠点

● ネットや本の情報ではやり方や食材の注意が細かすぎて振り回される

特に食材の注意が細かいことは従来の離乳食の欠点だと私は考えます。最初は10倍粥、魚は白身魚からスタート、この時期にはこの食材はダメなど、とにかく細かい。一度調べ始めると作る気をなくすくらい細かい（個人的意見です）。

さらに、ネットや本で調べたことのある方はご存知かと思いますが、情報源によってばらつきがあるので、「こっちのサイトでは食べさせていいって書いてあったのに、この本にはダメって書いてある……」と悩むことも。

● 栄養についての視点が少々かけている

食材の指定は細かい割に、栄養に関しては「主食と副食、主菜をバランスよく」くらいで、赤ちゃんにはなんの栄養が大切で、この時期はどんな食材を積極的に食べさせた方がいいか、といった情報が少ないと感じます。

栄養の中でも、赤ちゃんに欠乏しがちな「鉄」について見てみましょう。

「授乳・離乳の支援ガイド」(2)を読むと、「母乳育児を行っている場合は、適切な時期に離乳を開始し、鉄やビタミンDの供給源となる食品を積極的に摂取するなど、進行を踏まえてそれらの食品を意識的に取り入れることが重要である。」と書いてあるにもかかわらず、実際の進め方のところでは、「離乳の開始は、おかゆ(米)から始める。（中略）慣れてきたらじゃがいもや人参等の野菜、果物、さらに慣れたら豆腐や白身魚、固ゆでした卵黄など、種類を増やしていく。」と、**吸収がよいヘム鉄が多く含まれる「肉、赤身魚」は後回し**です。

今あげたような食材を1種類ずつ試していると、肉や赤身魚にたどり着くのは数ヶ月後です。その間にも赤ちゃんはどんどん成長し、鉄もどんどん足りなくなってしまいます。

● 母乳を早くやめなくては……と感じる

離乳食はその言葉から、母乳やミルクをやめるというイメージがあり、「離乳食が終わったのにまだおっぱい飲んでるの？」「いっぱいご飯食べて、おっぱい卒業しなくちゃねえ」と（悪気なく）他の方に言われたりすることもあります（私自身、言われたことがあります）。

また、母親自身も離乳食の字面から、「離乳食を早く進めて母乳をやめないと」と感じる方もいるのではないでしょうか。

この「早く母乳をやめないと」というイメージによる圧力は欠点かなと思います。

補完食の特徴及び利点と欠点

【要約】 補完食はまだまだ情報が少ないのですが、細かい決まりもないので自由に決められ、また母乳やミルクをベースとするので赤ちゃんの食事の進みが良くなくても不安に思わずに済むという利点があります。

補完食の特徴

それでは次は補完食の話です。
補完食の特徴についても簡単にまとめておきましょう。

・母乳やミルクでは足りない栄養を補完する食事である

・母乳をやめる必要はない（WHOは2歳まで、あるいはそれ以降も授乳を続けることを推奨しています）
・始める時期は生後6ヶ月からが基本（成長によっては生後4〜5ヶ月からも）
・地域で準備しやすく子供が食べやすい食材を使う
・生後6〜8ヶ月以降であれば1日2回

といった特徴があります[3][116]。

補完食の利点と欠点

それでは補完食の利点と欠点も考えてみましょう。これも次のページにまとめました。

従来の離乳食、補完食共に利点と欠点があります。

離乳食の欠点を、補完食が補うことができると思います。

そして、補完食の欠点を本書で補っていきましょう。

補完食の利点

● 母乳やミルク（特に母乳）をやめなくてよい

栄養の基本は母乳やミルクで、減らす必要はありません。しかし、実際に進めてみるとわかると思いますが、食事をする分、自然と哺乳量は減少します。しかしそれは赤ちゃん任せでＯＫです。無理に母乳をやめなくてよいというのは、母乳育児をしている人にとってはストレスが少ないのではないでしょうか。

また、もし補完食の進みが悪くても、「ある程度の栄養は母乳とミルクでまかなえているからＯＫ」と前向きになれるのではないでしょうか。

● 細かい決まりが少ない

補完食は、足りない分を補う食事。言うなれば量より質の食事になります。足りない栄養を意識しさえすれば、あとは基本的に自由です。手に入りやすい食材、家庭でよく食べる食材で作ればよく、家族の食事からの取り分けももちろんＯＫ。ある程度の進め方の指標はありますが、従来の離乳食のように「ええと、この食材はこの時期はまだダメで……」と悩まなくて済みます。

● 理解がしやすい

この後の項目で詳しく解説しますが、ＷＨＯの「補完食」(3) では様々なデータを元にして、「栄養が足りない分を補う食事をしましょう」「赤ちゃんの胃が小さいから、濃いものを回数を増やしてあげましょう」といったように、非常に理屈がはっきりしていてわかりやすい、と私は感じました。

補完食の欠点

● 日本での補完食の情報が少ない

旧ガイドラインに準拠したものになりますが、ＪＡＬＣ(註2)によって翻訳された、ＷＨＯの「補完食」(3)という立派な資料があり、現在ネット上で無料で公開されています（巻末「参考資料」にＵＲＬがあります）が、世界中に向けた資料なので、日本の食事にどうやって応用していいのかわかりにくい内容となっています。

これ以外の日本語の情報は少なく、佐久医師会「教えて！　ドクタープロジェクト」のリーフレット(110)や、個人で翻訳されている方や実践されている方のサイトがあるくらいで、情報のまとまった書籍はほぼありません。

● 決まりがなさすぎて途方に暮れる

少しの決まりはあるのですが、とにかく細かく決まりがないので、「じゃあ実際にはどんな感じで進めたらいいの？」という情報に乏しく、補完食に興味を持っても断念する人が多いのが現状かと思います。

● 現在の日本の食材やベビーフードでは限界がある（かもしれない）

今現在の日本では、当然ですが従来の離乳食に合った赤ちゃん用の食材やベビーフードが販売されています。ベビーフードを活用したいのですが、補完食と照らし合わせると少し栄養が足りません。

特に鉄については離乳食の初期から使える鉄を強化したベビーフードは少なく、手作りするにしても十分量を摂取するのはなかなか困難です。

こちらについては、需要が高まればいつか発売されると期待していますので、本書を読んだみなさん、ぜひベビーフード企業の方へラブコールを送っていただけたらと思います。

註2　NPO法人日本ラクテーション・コンサルタント協会。国際認定ラクテーション・コンサルタント及びその他の母乳育児支援にかかわる専門家のための非営利団体。母乳育児や乳幼児の栄養についての情報発信等様々な活動をしている

離乳食との違いから見る補完食の進め方

【要約】補完食は十倍粥から始めなくてもよいです。初期、中期、後期、完了期における食材の制限はなく、ミルクや母乳の量も減らす必要はありません。

はじめは十倍粥からスタート…しなくてもOK

さて、**離乳食と補完食、進め方が少し違います。**大きく違う部分をあげてみましょう。

離乳食は、厚生労働省のガイドでは「つぶし粥」と書かれているにもかかわらず、多くの本で「まずは十倍粥をつぶして裏ごししたものから」と書かれていると思います。

十倍粥というのは、五分粥のことです。お米に対して水が10で作られるお粥のことを指

母乳・お粥・ご飯のエネルギー比較（100gあたり）

母乳のエネルギー	65kcal (116)
10倍粥の（5分粥）エネルギー	36kcal (54)註5
全粥（5倍粥）のエネルギー	71kcal (54)
ご飯のエネルギー	168kcal (54)

します。

補完食は十倍粥からスタートしなくてはいけないわけではありません。なぜなら、**十倍粥は薄い**からです。

ここで、100gあたりの母乳、十倍粥、五倍粥、普通の「ご飯」のエネルギーを比較してみましょう。

上の表をご覧ください。当然なのですが、お米の量に対して水が多ければ多いほど、できあがりのお粥は薄いものになります。水っぽいので、エネルギーや栄養が少なくなってしまうんです。

母乳と比較すると、十倍粥では、母乳の半分程度しかエネルギーがないことがわかりますね。

母乳より濃いものを与えようと思うと、**五倍粥よりも水分の少ないもの**でないと難しいことになります。補完食のエネルギーが低いと、「母乳で足りないもの（この場合エネルギー）を補う」という、補完食の目的が達成されません。

そういった理由があり、補完食では、**することができない濃さ、スプーンを傾けても落ちない程度の濃さ**を推奨しています。滑らかにつぶした五倍粥であれば、スプーンを傾けても水のように滴り落ちることはなく、ようやくポタッと落ちるヨーグルト程度の硬さになります。

赤ちゃんが最初から食べることができるようであれば、滑らかにつぶした五倍粥からスタートして問題ありません。生後4〜6ヶ月頃には、赤ちゃんの消化器系も様々な食品が消化できるよう成熟してきます[3]。

ただ、作ってみるとわかりますが、十倍粥と五倍粥、かなり硬さが違います。「これまで母乳やミルクしか飲んだことがない赤ちゃんなのに、

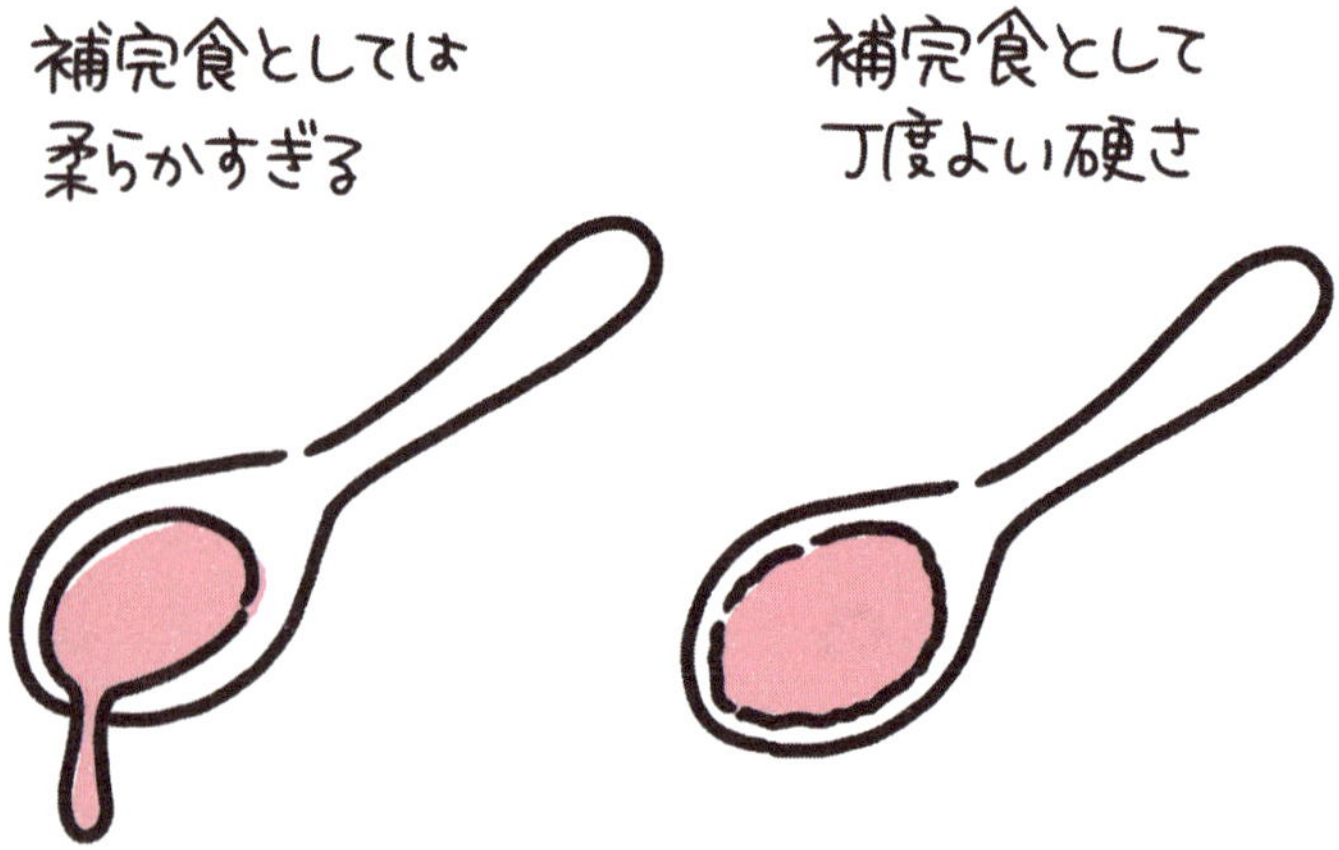

最初からこんなもっちりした五倍粥はちょっと……」と思う方も少なくないと思います。

私個人の考えを言いますが、十倍粥からスタートしてももちろん問題ありません。最初は、「母乳やミルクではないものを口にする」という最大の難関をクリアしてもらわないといけませんし、なにより最初に食べるのはほんのスプーン1杯。その1杯のエネルギーや栄養が多少多かろうと少なかろうと、赤ちゃんの健康には影響しないでしょう。

ですので、十倍粥からスタートしても問題ないと思っています。ただし、様子をみながらちょっとずつ水の量を少なくしてみてください。

私が娘に食べさせた感想ですが、意外とさらさらすぎる十倍の粥よりも、もうちょっと硬い粥の方が食べやすいのだなと感じました。八倍粥くらいで様子をみて、大丈夫そうならどんどんステップアップしてみましょう。（私は2週間ほどで五倍粥に移行しました）

ただし、あまり硬すぎると飲み込みにくいので、補完食を開始してしばらくは五倍粥程度で様子を見ることをお勧めします。赤ちゃんは最初はとろとろのものを舌で奥に流し込むことしかできません。**いくらスプーンを傾けても滴り落ちない程度がよいといっても、餅のような塊になるものは硬すぎます**ので、水やミルクを足してのばして調節してみてください。

補完食の進め方の実例（相川家の場合）

日数	主食	副食1	副食2	副食3	副食4	副食5	副食6
1日目	8倍粥1						
2日目	8倍粥2						
3日目	8倍粥2						
4日目	8倍粥3						
5日目	8倍粥3	粉ミルク					
6日目	8倍粥2	さつまいも1					
7日目	8倍粥3	さつまいも2					
8日目	8倍粥2	にんじん1					
9日目	8倍粥2	とうもろこし1					
10日目	8倍粥2	にんじん1	豆腐1				
11日目	8倍粥2	にんじん1	さつまいも1	豆腐1			
12日目	8倍粥2	にんじん2	さつまいも1	豆腐1			
13日目	8倍粥2	にんじん2	さつまいも1	ツナ1			
14日目	8倍粥3	とうもろこし2	ツナ1	りんご1			
15日目	8倍粥3	さつまいも1	小松菜1	ツナ1			
16日目	8倍粥5	にんじん2	枝豆1				
17日目	5倍粥3	枝豆2	にんじん2	りんご2	ごま油		
18日目	5倍粥3	ツナ3	とうもろこし2	にんじん2	米油		
19日目	5倍粥3	豆腐6	小松菜2	さつまいも1	みかん2		
20日目	5倍粥3	牛肉1	小松菜2	にんじん2	りんご2		
21日目	5倍粥3	枝豆2	とうもろこし2	にんじん2	みかん2	オートミール1	
	オートミール2	りんご2					
22日目	5倍粥3	牛肉2	かぼちゃ2	にんじん2	片栗粉		
	オートミール3	たまねぎ2					
23日目	オートミール3	ツナ2	小松菜2	にんじん2	りんご2	青のり	米油
	5倍粥4	かぼちゃ1	豆腐1				
24日目	胃腸炎でおやすみ						
	胃腸炎でおやすみ						
25日目	5倍粥3	ツナ2	にんじん3				
	オートミール3	牛肉2	バナナ2				
26日目	5倍粥3	鶏レバー1	さつまいも1	たまねぎ1	にんじん1	かぼちゃ1	
	親の体調不良でおやすみ						
27日目	5倍粥3	鶏レバー1	さつまいも2	たまねぎ1	かぼちゃ1	バナナ2	
	オートミール4	豆腐2	にんじん2	小松菜2	片栗粉		
28日目	5倍粥3	とうもろこし3	トマトとりんご2	鶏レバー1	さつまいも1	たまねぎ1	青のり
	オートミール4	枝豆2	小松菜2	バナナ2			
29日目	オートミール4	ツナ2	トマトとりんご2	にんじん2	たまねぎ3	オリーブオイル	
	5倍粥4	鶏レバー2	さつまいも1	たまねぎ1	バナナ2	青のり	
30日目	5倍粥4	牛肉2	たまねぎ3	かぼちゃ2	きな粉	片栗粉	
	5倍粥4	まぐろ2	小松菜2	トマトとりんご2			

ここ（17日目）から5倍粥←

←ここ（21日目）から2回食

※□は初出の食材です
※食材の後の数字は分量で、単位は小さじです。少量のものには数字はつけていません
※粉ミルクでアレルギーが出たため、アレルギーの検査まで乳製品を使用できていません
※卵や小麦もアレルギーの負荷試験後にスタートする予定だったため、使用できていません

母乳を与えるのは控えなくてよい

離乳食の本によっては、「この時期は母乳は○回」のように、母乳を減らしていくように書かれているものがあります。離乳食のイメージとしても、離乳食を食べた分だけ母乳（ミルク）を減らして置き換えていく感覚の方が多いかもしれません。

補完食では**母乳やミルクを減らす必要はありません**。いつも通りのペースで、欲しがるだけ与えて大丈夫です。

また、これは離乳食でも補完食でも同じですが、ミルクを与えている人は、フォローアップミルクに切り替える必要もありません（なんらかの事情があり、かかりつけでフォローアップミルクを使うよう指示された場合は指示に従ってください）。

補完食は、母乳やミルクで足りない栄養を「補完」する「食」です。エネルギーでみるならば、**生後6ヶ月〜12ヶ月までは赤ちゃんの必要なエネルギーの6〜7割を、生後12〜24ヶ月まででは4割程度を母乳から与えることができます。**(116)

実際には、補完食が進むと徐々に哺乳量は減っていきます。これは自然な流れですので心配ありません。ただ、補完食が進むペースが早すぎると、哺乳量が減りすぎて乳腺炎を起こしてしまうことがあります。よく食べる子でも、補完食を増やすスピードはお母さんの体と相談しながらにするとよいかもしれませんね。

補完食は時期によって食材に決まりはない

離乳食についての本やサイトには、「初期に食べていい食材はこれ、これは後期まで食べさせてはだめ」というように細かく書かれているものをよく見かけますが、補完食に関しては食材の決まりがありません。

ＷＨＯの「補完食」[3]から抜粋すると、生後６ヶ月〜12ヶ月の赤ちゃんに与える補完食は、「マトケ、じゃがいも、キャッサバ、とうもろこしの粉（とうもろこし、または、きび）、米のいずれかのつぶし粥に、魚、豆、すりつぶしたピーナッツを混ぜ、緑の野菜を加えたもの。」といったところです。

どうですか、かなりざっくりしていると思いませんか。

同資料を読むと、国によって非常に様々な食材があり、国によって全く食べさせるものが違うのだなと感じることができます。

大事なのは、**どの時期になんの食材を与えるか、ではなく、赤ちゃんが食べやすい形状に加工できる、栄養豊富で手に入りやすく家庭で使いやすい食材を与えること**だと思います。

このように、補完食は細かい決まりはありません。しかし、必要な栄養を「補完する」ために早めに与えてほしい食材、注意してほしい食材というものがあります。これについては、第2章以降で解説します。

従来の離乳食のレシピはその時期に食べさせやすい食材が吟味されていますので大変参考になりますし、活用してもらってかまいません。ただ、従来の離乳食ではどうしても鉄などの栄養豊富な食材を与えるのが遅い時期になってしまいますので、その点に関しては本書で補っていただけたらと思います。

註5　改訂版の作成にあたり、日本人の食事摂取基準については最新の2025年版に基づき、数値などの内容を更新しました。日本食品標準成分表については、最新のものが2020年版（八訂）ですが、日本人の食事摂取基準（2025年版）は2015年版（七訂）をもとに作成されているため、今回の改訂版では2015年版（七訂）の数値を採用しました。

補完食はいつから与えるの？　いつまで続けるの？

【要約】補完食を与え始めるのは赤ちゃんが生後5～6ヶ月の頃、やめるのは2歳になる頃、が目安です。

補完食はいつから始めたらいいの？

周囲が早くから離乳食（補完食）をスタートしていると、「えっ、もうあげなきゃいけないの？　どうしよう、まだなんの準備もできていないのに……」と焦ってしまうもの。早く始めた方がいいんでしょうか？

いえいえ、**基本的には生後6ヶ月（180日）**からで大丈夫ですよ。

WHOは、最低限生後4ヶ月までは母乳のみ、できれば生後6ヶ月まで母乳のみで育児することを推奨しており、もし生後4ヶ月以降で、適切に母乳育児をしているにもかかわらず体重増加が不良な場合や、頻繁に母乳を与えてもそのあとすぐに空腹になっているような場合は補完食をスタートしてね、と「補完食」[3]に書いています。

厚生労働省の「授乳・離乳の支援ガイド」でも、生後5~6ヶ月頃を離乳の開始としています。[2]

では、なぜ生後6ヶ月からなのでしょうか。理由についてはWHOの新ガイドライン[116]で様々な研究を比較検討していますので、概要をご紹介いたします。

栄養が足りなくなるのなら、早く補ってあげたいという気持ちもあるかと思います。しかし、一番不足が心配な「鉄」について、早くに補完食を導入しても、鉄欠乏性貧血のリスクと関係しない研究が多いです(リスクを低下させる、という研究もあります)。

母乳で育てられたお子さん、特に早産児や低出生体重児の赤ちゃんなど、鉄の不足が心配なお子さんについては、早期に補完食を導入するよりも、ピンポイントに的を絞って鉄剤を使った方が効果的であることが指摘されています。もしかかりつけで勧められた時は、上手にお薬も使ってくださいね(飲ませるのは少し大変ですが……)。

その他身長、体重、ＢＭＩ等赤ちゃんの発達について検討されていますが、早期導入と生後６ヶ月からの導入では大きな違いはありません。

このように、あまり早くから補完食を与える利点はありません。それどころか、他のものでお腹が満ちてしまうと、母乳を飲む量が減ってしまい、本来母乳から得られる栄養などが得られなくなってしまいます。

コクランレビュー[註6]でも、「生後６ヵ月間の完全母乳哺育は、一般的方針として推奨しても明らかなリスクは認められない」としています。[9]

（ただ、生後４～５ヶ月であれば、早くスタートしても大きなデメリットもなさそう、とも言い換えることができます。いろいろな事情があり早く始めることもあると思います。その時はあまり心配せず、スタートしてみてくださいね）

遅らせることに関しては推奨されません。なぜかというと、これまでにも何度か触れた通り、母乳やミルクだけでは、赤ちゃんは生後６ヶ月頃から、健康に大きくなるための十分な栄養が足りなくなってしまうからです。研究でも、補完食の導入を遅らせた場合、身長やＢＭＩが低い傾向が認められています。

時々、母乳だけで1歳まで育てたい……という方もいらっしゃいますが、赤ちゃんの成長のために、母乳に栄養をプラスして与えるつもりで、少しずつでいいので補完食をスタートしてあげてください。母乳は続けてください。減らす必要はありません。

食物アレルギーについてはどうでしょうか。こちらについては、卵とピーナッツに関しては、食べさせるのを遅らせすぎない方がアレルギーが出にくいのではないか、という報告があります（が、元々アトピー性皮膚炎があるなど限られた条件です）[62][80]。食物アレルギーと補完食の細かい話については、後述します。

以上から、特別な事情がなければ、**生後6ヶ月からスタートでかまいません。**早くても生後4ヶ月以降、基本的には厚生労働省も勧めている通りの生後5～6ヶ月で、赤ちゃんと周囲の準備が整った時にスタートすればいいんじゃないかなと思います。もちろん、なんらかの事情で主治医の先生に「少し早いですが離乳食を始めましょう」と指導された時には、そちらに従ってくださいね。

焦らなくて大丈夫、でも遅らせすぎないでくださいね。

補完食はいつまで続けたらいいの？

補完食はいつまで続けたらいいでしょうか。

ＷＨＯは２歳までの授乳を推奨しています(3)。逆に、２歳を過ぎれば、栄養面での授乳は必要なくなってきます（すぐにやめろという意味ではありません）。

母乳やミルクとそれに足りない栄養を補う補完食という意味では、２歳までということになります。(113)

しかし、実際には１歳を過ぎる頃には家族の食事とほぼ同じものを食べることができるようになってきます。でも、あくまでも「補完」することを意識し続けてください。

本書では、ＷＨＯの新ガイドラインのタイトルで書かれている生後６ヶ月〜２歳（６ヶ月〜23ヶ月）までを想定して書いており、主に離乳食完了期くらいまでを対象にした内容となっています。

註６　コクラン共同計画によるシステマティックレビュー。エビデンスの質が高い、と思っていただけるとよいです

赤ちゃんは補完食を食べる準備ができていますか？

【要約】首がすわっていて寝返りができ、5秒以上座れ、スプーンを口に入れても押し出すことなく、食べ物に興味を示し出したら補完食の始め時です。

いつから補完食を始めるの？　の続きのお話

離乳食・補完食を始めるのは生後5〜6ヶ月くらいで大丈夫だよと書きましたが、赤ちゃんの準備が整っていなかったらもうちょっと待ちましょう。

赤ちゃんの準備、それは、赤ちゃんが母乳やミルク以外の食事をスタートできる準備ができたかな？　ということです。

目安はいくつかあります。

一番シンプルなのは、「サポートがあれば座ることができて、首もしっかりすわっていること」[10]だと思います。

新ガイドラインでは、「支えなしで座ることができる」ことを食物を摂取し始めるための発育準備の指標としてあげています。

その他の目安もあげてみましょう。

厚生労働省の「授乳・離乳の支援ガイド」[2]によると、次のようになります。

・首のすわりがしっかりして寝返りができる
・5秒以上座れる
・スプーンなどを口に入れても舌で押し出すことが少なくなる（哺乳反射の減弱）
・食べ物に興味を示す

あまり早い時期にスタートしようとすると、哺乳反射のせいで、口に入ったスプーンや食べ物を舌で押し出してしまいます。

　離乳食を始めたけれども、スプーン自体を舌で押し返されてしまったり、ほとんど口から溢れてしまったりといった時は、１〜２週間待ってみるとスムーズに食べられるようになることもあります。

　個人差がありますので、焦らず再トライしてみてくださいね。

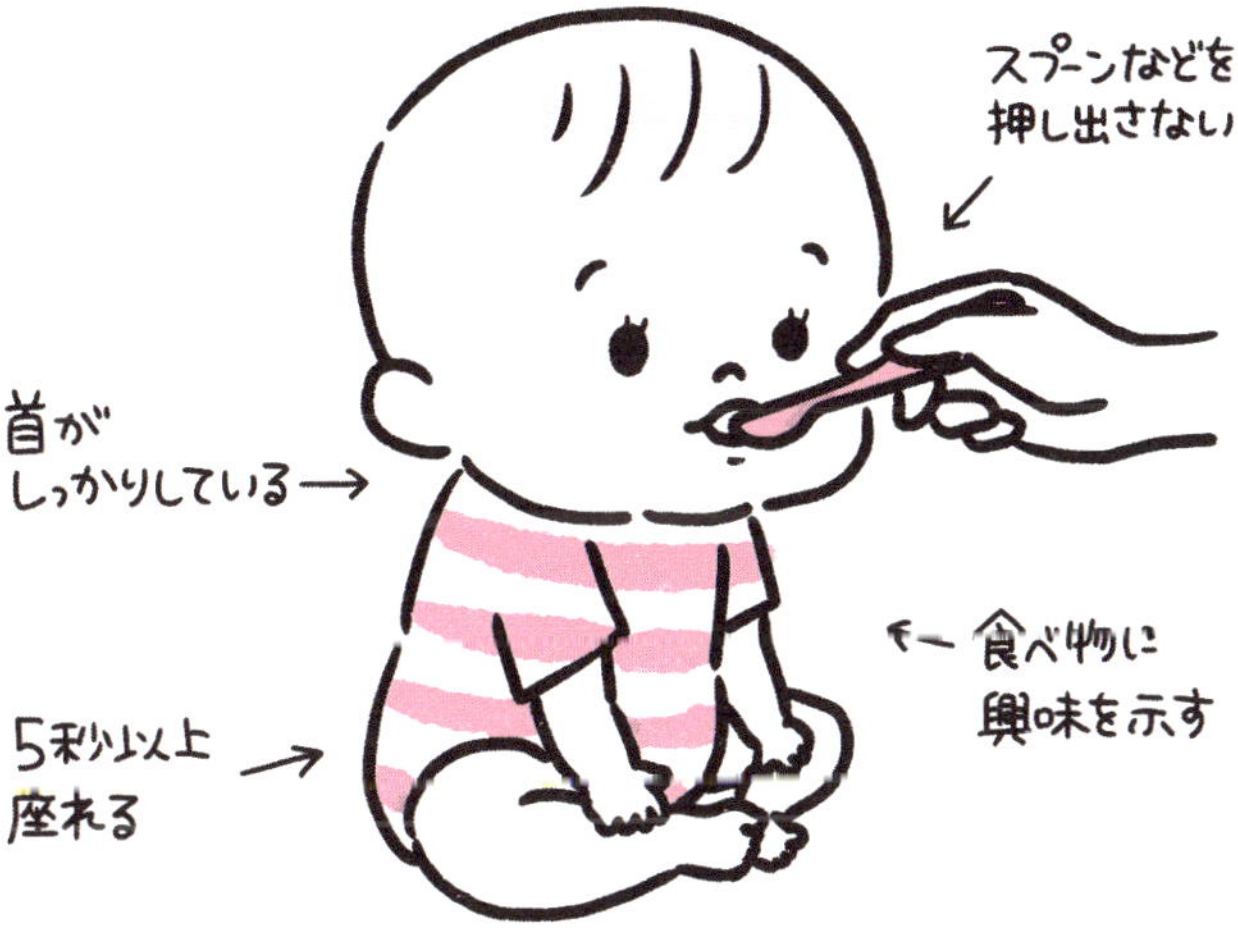

口腔機能の発達から考える離乳食・補完食

【要約】食べさせる物の形状は、従来の離乳食及び47ページの図を参考にしつつ、月齢ではなく、赤ちゃんの食べる様子をみて判断するとよいでしょう。

補完食の大きさや形はどうする？

離乳食の本では、初期は十倍粥からスタート、中期になると柔らかく茹でてみじん切りにしたにんじん、後期は……というように、「初期、中期、後期、完了期」に区分し、およその月齢と食べ物の形状・形態について事細かに書かれています。

一方、WHOの旧「補完食」[3]では、〝**最初のうちは食物をやわらかく作り、その後、す**

りつぶしたり、小さく切ったりしましょう。〟程度のことしか書かれていません。
さて、どちらが正しいのでしょうか？

ここで、赤ちゃんがどうやって「食べる・飲み込む」といった方法を習得していくのか？　というお話をしたいと思います[86][87]。

生まれてすぐの赤ちゃんは、誰にも教わらずにおっぱいを飲むことができます。これは哺乳反射といって、生まれ持った原始反射（条件が揃うと、意志とは関係なしに勝手に体が動いてしまうこと）が組み合わさることで起こっているのです。

母乳以外のものを口にする必要が出てくる生後6ヶ月頃、この哺乳反射は徐々に弱まります（この頃には赤ちゃんは、反射がなくても自分で母乳を飲めるようになっています）。前項でも触れた通り、反射が十分に弱まらずまだ強く出るうちは、赤ちゃんの意志とは関係なくスプーンを舌で押し出してしまったりします。

そしてその後も、赤ちゃんの食べる機能は、段階を追って発達していきます。この食べる機能の発達に応じて、食べることができるものも変化していきます。そこに着目して分けられているのが離乳食初期、中期[註7]……の区分になります。

離乳食初期（ごっくん期）

● 口の動きと食べ方

自分の意志で唇を閉じて食べ物を口の中に取りこめるようになります。（捕食）

スプーンに載った食べ物を、上唇を下ろしながら下顎を閉じることで、口の中に取りこみます。舌先と上顎の前側の部分が、いわば「食べ物センサー」になっており、ここで食べ物を挟み込んで、どのくらいの硬さか、サラサラしているのか、ネバネバしているのか……「これはそのまま飲み込めるな」「これは硬いから舌でつぶそう」といったことを鋭敏に判断しています。

口角はあまり動きません。

そして舌が**前後**に動き「ごっくん」と飲み込む様子が見えます。

離乳食中期（もぐもぐ期）

● 口の動きと食べ方

舌を**上下**にも動かすことができるようになります。この上下の動きにより、食べ物の硬さに応じて、舌で押しつぶしてから飲み込むことができはじめます。唇が、左右できゅっと引き結ぶように閉じるようになります。そのため、唇が左右対称にきゅっと薄く引き伸ばされてみえます。舌で上顎に食べ物を数回押し付けてつぶす「もぐもぐ」する動きを外からみることができます。

● 食べやすい硬さ

一見、噛んでいるように見えますが、噛んでいるのではなく舌の動きでつぶしているだけなので、あまり硬いものはまだ食べられません。

舌を上下するだけでどのくらいのものがつぶせるか試してみてください。**豆腐**くらいだと、ちょうどいいのがわかるでしょうか。

離乳食後期（かみかみ期）

● 口の動きと食べ方

舌ではつぶせないと判断したものを、将来臼歯《きゅうし》が出てくる部分の歯肉ですりつぶすことができるようになります。

舌は**左右**に動き、片側の歯肉の部分に食べ物を運び、下顎を動かしてすりつぶし、唾液と混ぜるという「かみかみ」する様子を見ることができます。外から見ると、唇が左右対称ではなく、片側に寄っている様子がうかがえます。

● 食べやすい硬さ

この頃はまだ歯が生えそろっていませんので、あまり硬いものは食べられません。肉などの噛み切る必要があるものも難しいです。指でつぶせる**バナナ**くらいが食べやすい硬さとなります。

離乳食完了期（ぱくぱく期）

● 口の動きと食べ方

１歳頃になると前歯が生えそろい、奥歯も徐々に生えてきて、舌も上手に動かせるようになり、「ぱくぱく」といろいろなものを食べることができるようになっていきます。

手づかみ食べが始まり、これを繰り返すうちに、目で見て食べ物を掴み、口へ運び、ちょうどいい一口の量を前歯でかじりとり、それがどのくらいの硬さで、どのくらいの力で噛めばいいか……といったことを学習していきます。準備も片付けも大変な手づかみ食べですが、その後に続くスプーンやフォークといった食具食べの準備段階としても、たくさん経験させてあげたいところです。

● 食べやすい硬さ

まだ大人と同じものを食べることはできません。歯茎で噛んでつぶせる**肉団子**程度の硬さが目安になります。

ここまで読むとわかると思いますが、離乳食と補完食の食べ物の形態の説明は、どちらも同じことを違う言葉で説明しているにすぎません。

補完食の資料に〝最初のうちは食物をやわらかく作り、その後、すりつぶしたり、小さく切ったりしましょう。〟と書かれているのは、44、45ページの流れをざっと説明したもので、シンプルながら過不足のない上手な説明だと思います。

ただ、実際に補完食を作ろうと思ったときには、あまりに目安がなくて面食らう人もいるでしょう。その場合は、ぜひ**従来の離乳食の知識を参考に**してください。

離乳食での初期〜完了期の説明は、赤ちゃんの月齢や食事回数、食べ物の種類、授乳回数などが細かく書かれているため煩雑ですが、この**「食べる機能」だけに着目すると、十分に補完食に応用することができます**。

インターネットや書籍でレシピを探す際も、この離乳食初期〜完了期の用語で検索すると便利です。本書でも、食べる機能とその時期の調理法の説明の意味で初期〜完了期の用語を使っています。

一応本書にも、目安として次のページに食べ物の形状の一覧を掲載しますので参考にしていただければと思います。

しかし、一つだけ注意してほしいことがあります。厚生労働省の「授乳・離乳の支援ガイド」[2]では初期〜完了期の目安として月齢が書かれています。しかし、赤ちゃんの発達は個人差がありますし、その月齢になると突然できるものでもありません。

赤ちゃんも試行錯誤して、いろいろな食べ物に触れながら、学習し、食べる機能を発達させていきます。

実は、厚生労働省の「授乳・離乳の支援ガイド」[2]にも、

〝離乳については、子どもの食欲、摂食行動、成長・発達パターン等、子どもにはそれぞれ個性があるので、画一的な進め方にならないよう留意しなければならない。〟

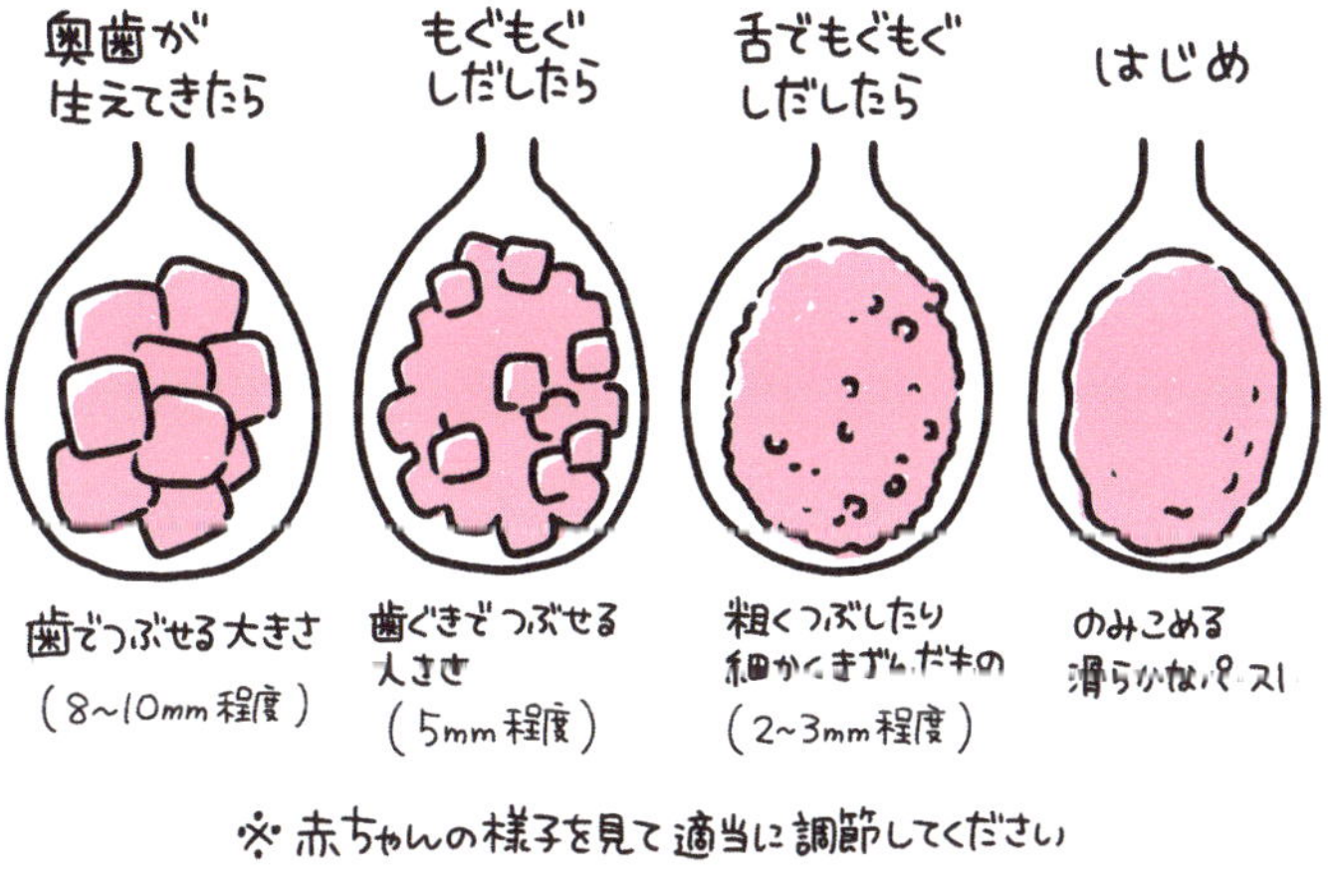

〝以下に示す事項は、あくまでも目安であり、子どもの食欲や成長・発達の状況に応じて調整する。〟

と書かれています。

ですので、**月齢にとらわれず、あくまでも目の前の赤ちゃんの発達を見て、なにをどうやって食べさせるか、選んであげてください。**

「うちの子は６ヶ月だけど、もうもぐもぐする動きが出ているな。それなら中期くらいの硬さのメニューを試してみようかな」

「どうもまだかみかみできてなくて、丸呑みしてそう。一旦中期くらいの柔らかさに戻してもぐもぐができているか確かめてみよう」

という風に工夫をしてみてください。

註7　厚生労働省のガイドでは「離乳初期」「離乳中期」「離乳後期」…と、「食」の付かない表記がなされていますが、一般的には「離乳『食』初期」「離乳『食』中期」…という表記が多いため、本書では「離乳食初期」「離乳食中期」…で統一しました

食事の回数は何回？　胃の容量の話

【要約】赤ちゃんの胃は小さいので、小分けに何度も食べさせた方が必要な栄養を摂りやすくなります。月齢が6～8ヶ月なら1日2～3回、9～11ヶ月なら1日3～4回、1～2歳は1日3～4回補完食を食べさせ、食欲に応じて1～2回の補食（おやつ）も与えましょう。

離乳食の回数

離乳食の場合、1回食（1日に離乳食を1回与えること）、2回食（1日2回）、3回食（1日3回）と1日に食べる食事の回数を増やしていきます。

「授乳・離乳の支援ガイド」[2]によると、次のように離乳食の進み具合や月齢で回数を増やしていきます。

生後5〜6ヶ月頃　離乳食初期　1日1回
生後7〜8ヶ月頃　離乳食中期　1日2回
生後9〜11ヶ月頃　離乳食後期　1日3回
生後12〜18ヶ月頃　離乳食完了期　1日3回（必要に応じて1〜2回の補食）

補完食の回数

それでは補完食の場合はどうでしょうか？

補完食の場合は、**補完食の進み具合ではなく、「赤ちゃんに必要な栄養を補うためにはどうしたらいいかな？」ということを考えることが大切**です。

補完食は、母乳やミルクで足りない栄養を補う食事だと説明しました。足りない栄養を補おうと思うと、**「質」**のよい食事であることも大切ですが、ある程度**「量」**も食べさせる必要がでてきます。

生後6～8ヶ月に母乳やミルクだけでは足りず、補完食で補う必要があるエネルギーは約150kcal[116]になります。全粥より少し濃い1gあたり0・75kcalの補完食を準備したとすると、200gになりますね。

もし1日1回の補完食で食べさせようと思うと、1食で200gの補完食を赤ちゃんに食べさせることになります。

さて、どうでしょう。1回に200g……大人の茶碗に大盛り一膳分くらいの補完食、赤ちゃん、食べてくれるでしょうか。

食べる子もいるかもしれませんが、6ヶ月の赤ちゃんには厳しいように思いますね。

赤ちゃんの胃の容量は、体重×30mℓ程度[7]です。生後6ヶ月頃の赤ちゃんの体重が7～8kgとすると、胃の容量は210～240mℓになります。

1回の食事で食べられる上限の量がこのくらいと考えてください。実際に食べる量はこれ以下です。

我が家の赤ちゃんを例にしますと、補完食が1ヶ月くらい過ぎた時点（6ヶ月半ば）

で、１回に80ｇをなんとかクリアしました。頑張っても１００ｇでしょう、とても２００ｇは無理です。

さて、どうしましょうか。

この２００ｇを１日２回に分けてみましょう。１回１００ｇ……うん、このくらいならなんとかなるかもしれません。

補完食を小分けにすれば、小さい胃の赤ちゃんでも１日に必要なエネルギーを摂取することができます。

月齢が進めば体重も増えてきます。体重に応じて、必要なエネルギーも増えていきます。

そのため、ＷＨＯの資料[3][7]を見ると、

4〜5ヶ月　1日1〜2回（早く始めた場合）
6〜8ヶ月　1日2〜3回（＋食欲に応じて1〜2回の補食）
9〜11ヶ月　1日3〜4回（＋食欲に応じて1〜2回の補食）
1〜2歳　1日3〜4回（＋食欲に応じて1〜2回の補食）

と、かなり早い段階で2回3回と回数を増やし、さらに補食（栄養のあるおやつのことです）も食欲に応じて与えてね、と書かれています。

つまり補完食は、**胃の小さい赤ちゃんでも1日に必要な栄養を摂取できるように、早い段階で回数を増やす**工夫をしているんですね。

いきなり1日2回に増やさなくてもよい

理屈としては早い段階で食事の回数を増やす必要がある補完食ですが、最初から慌てて2回にしなくてもよいのではないか、と私は考えています。

まずは赤ちゃんに「母乳やミルク以外のものを食べることに慣れてもらう」必要があります。それに、補完食を始めてすぐに、150kcalを補え！　というわけでもありません。徐々に増やせばよいのです。

できる方は1日2回からスタートしてももちろんかまいません。難しければ、まずは1さじのつぶし粥を1日1回という、従来の離乳食と同じスタートで慣れてもらい、従来の離乳食よりも少し早めに回数や食品の種類を増やしてみてはいかがでしょうか。

30ページに我が家の進め方を例として掲載しましたが、我が家では補完食を始めて21日目から2回食を始めました。

補完食（離乳食）の回数を増やすのは大変？

私は従来の離乳食の回数が少ないのは、準備する人の負担も考えた結果なのかなと思っています。手作りの離乳食（補完食）を早い段階から2回3回と増やすのは、正直かなりの負担ではないでしょうか。

毎食毎食、補完食（離乳食）を一から準備するのは大変です。特に離乳食初期の頃の

「滑らかなペースト」にするために、「すり鉢でつぶして裏ごしして」を負担なくできる方は限られていると思います。（もちろん、それが負担でなく楽しく準備できる方、続けていただいて大丈夫ですよ）

少なくとも私には負担と感じましたので、フリージングをフル活用し、週末などにまとめて下ごしらえして冷凍。毎食の準備時間は数分（容器に入れてレンジで加熱する時間）で済むようにしました。

補完食（離乳食）を楽にする方法は人それぞれです

家族の料理から取り分けるのが楽だという人もいるでしょう。

逆に、取り分ける方が疲れるから、もう赤ちゃんの分は別に準備する方が楽という人もいるでしょう。

毎回茹でてつぶして裏ごしして……と丁寧に準備する方が楽と感じる人もいるでしょうし、私のように毎回するのは大変だから、まとめて作って冷凍しておく、という人もいるでしょう。

ベビーフードも便利ですね。補完食となるとちょっと日本のベビーフードは必要な栄養が足りないのが残念なところですが、活用することは可能です。（196ページの「ベビーフードの取り入れ方」参照）

楽な方法は人それぞれです。楽をすることは悪いことではありません。目的は、「赤ちゃんが元気に成長して、家族と楽しく食事ができるように」お手伝いすること。無理して手をかけることが目的ではありません。

補完食は、従来の離乳食より早く回数が増える分、負担、気が重いと感じる方もいるかもしれません。ご家庭のライフスタイルにあった、できるだけ負担が少ない方法を見つけましょう！

補完食と母乳・ミルクの与え方

【要約】食事の量は、月齢が6～8ヶ月と9～11ヶ月は1回125㎖、12～23ヶ月は1回187・5㎖が目安量ですが、数字にとらわれすぎず、赤ちゃんの様子を見ながら調節しましょう。足りているか心配な時は成長曲線と比べてみましょう。補完食と授乳はどちらが先でもかまいません。

補完食の量と回数、母乳の与え方について

補完食の進め方について、従来の離乳食と違うため「母乳やミルクの与え方」「補完食の量と回数」について悩む方が多いのではないかと思います。新ガイドラインでは量の設定はありませんので、WHOの旧「補完食」[3]及び〝Infant and young child feeding〟[7]に

補完食の量と母乳の与え方

月齢	母乳に加えて必要なエネルギー	頻度	1食毎の平均量	母乳の与え方
4～5ヶ月		1日1～2回 母乳を与えた後に		子供が欲しがるたびに母乳を与える
6～8ヶ月	1日あたり 200kcal	1日2～3回の食事 子どもの食欲に応じて1～2回の補食	テーブルスプーン2～3杯からスタート 徐々に125mlに増やす	
9～11ヶ月	1日あたり 300kcal	1日3～4回の食事 子どもの食欲に応じて1～2回の補食	125ml	
12～23ヶ月	1日あたり 550kcal	1日3～4回の食事 子どもの食欲に応じて1～2回の補食	187.5ml	

※テーブルスプーン1杯＝大さじ1程度

※4～5ヶ月は母乳は子供が欲しがるだけ、頻繁に与えます。もし母乳を与えた後も空腹な様子がある場合や、体重の増えがよくない場合は、補完食を開始します。補完食の回数は1日1～2回、母乳の後に補完食を与えましょう。

※表の1食毎の平均量は、海外の1カップ250mlでの量を計算したものなので、中途半端な数値になっています。

※WHO2009(7)の記載に合わせ「テーブルスプーン2～3杯からスタート」としています。

※新ガイドラインとは算出のためのデータが異なるので、必要なエネルギーに差異があります。

書かれている目安を右ページにご紹介します。

量の目安については、母乳よりも濃い（1gあたり0・8〜1・0kcal）補完食を食べさせた場合の1食分の食事量の目安です。もしこれよりも薄い補完食であった場合、量はもっと多く必要になりますし、1日の食事の回数が少ない場合は、1食の量を増やす必要があります。

また、これまでご紹介してきた通り、従来の離乳食に比べて、回数が少し早く多くなります。

ミルクを使用している場合の補完食について

母乳については赤ちゃんが欲しがるだけ与える、となっていますが、ミルクについてはどうでしょうか。

新ガイドラインではミルク育児についても対象となっていますが、補完食のモデルケースとして1歳未満の非母乳栄養児のパターンは作成されていなかったり、適切なミルクの量についての検討がされていないなど、残念ながら研究の不十分な部分があります（これはガイドライン内でも問題点としてあげられ、ESPGHAN:欧州小児栄養消化器肝臓学会等にも指摘されていますので、今後の研究が期待されます[117])。

そのため、**ミルクの量や回数については、新ガイドラインで設定されていません**。母乳と同様に積極的に減らす必要はない（自然に減るのに任せればよい）のではないかと考えますが、あまりに食事が進まないようであれば、食事量を見ながら調節してもよいのではないかと考えます。過去の指導ガイド[111]では目安として、「生後6～12ヶ月では、動物性食品を摂っている場合は、１日２８０～５００㎖、含まれない場合は４００～５５０㎖」のミルクの使用を勧めていますので、参考にされてください。

ミルクの種類

ミルクの種類についてですが、生後6～11ヶ月については、乳児用ミルクもしくは動物性ミルク（牛乳など）のどちらかを与えることが推奨されています。牛乳には鉄がほとんど含まれておらず、１歳未満の牛乳の飲用については胃腸失血や鉄欠乏性貧血と関連性が指摘されてきました。しかし生後６ヶ月以降であれば潜在的な失血は稀であり、鉄欠乏については鉄の強化食品や鉄を多く含む補完食を食べることで回避できるため、牛乳を含む動物性ミルクでもよい、という結論になっています。ただし、衛生的な水が手に入る等条件が整っていれば乳児用ミルクを使うことを推奨しています。

日本では乳児用ミルクも安全な水も手に入りやすい環境にありますので、特別な理由がなければ、**引き続き乳児用ミルクを使う**とよいですね。

生後12ヶ月〜23ヶ月については、動物性ミルクを使用すべきで、フォローアップミルクは推奨されない、ということが書かれています。

ただ、ここについては少し補足をさせていただきます。動物性ミルク（牛乳など）とフォローアップミルクを比較検討していますが、まず、今回の比較では12ヶ月以降の乳児用ミルクの使用については比較検討されていません。

また、フォローアップミルクを使用した方がビタミンDや鉄の値が高く、鉄欠乏のリスクも低いなどのメリットがありそうです。しかし、フォローアップミルクの中には、たんぱく質と炭水化物の濃度が高く、糖分も添加されているような不適切なものも含まれていることが調査の結果わかっており、これまでＷＨＯや多くの国の小児科学会がフォローアップミルクは不要で非推奨としています。

それらを加味して、今回のガイドラインではフォローアップミルクは推奨しない、という結論になっています。

後述します（フォローアップミルクは「牛乳」の代替品です〈105ページ〉）が、フォローアップミルクはあくまでも牛乳の代替品であり、母乳の代替品ではありません。補完食が順調に進んでいれば乳児用ミルクから切り替える必要は特にありません。乳児用ミルクには鉄など不足しがちな栄養が強化されていますので、そのまま乳児用ミルクを続けても問題ないと考えます。

ただ、乳児用ミルクは牛乳と比較して高価ですし、準備にはかなりの手間と時間がかかりますね。家族の食事に近づけていく意味でも、1歳を過ぎたら、徐々に牛乳も活用していけるとよいかもしれませんね（でも焦らなくて大丈夫ですよ）。

ミルクを使用している場合の補完食

新ガイドラインでは、母乳育児でもミルク育児でも、補完食の内容について特に区別はされていません。個人的には、鉄など不足しがちな栄養がミルクには入っていますので、鉄の補完についてては母乳がメインの場合と比較しますと少し余裕があるかな……と思います。

しかし、生後6ヶ月過ぎますと母乳と同様にミルクのみでは栄養が補えなくなりますし、補完食開始後、徐々に哺乳量も減りますので、ミルクと同じ以上に栄養が豊富な補完食を準備する必要があります。

したがって、WHOが特に区別をしていないように、**母乳育児でもミルク育児でも補完食の内容は同じ**、と考えて進めてもらえたらと思います。

授乳・ミルクが先か、補完食が先か？

従来の離乳食では、「まず離乳食を与えましょう、それから授乳・ミルクをあげましょう」というのが一般的な指導となっています。

それでは補完食ではどうでしょうか？

補完食の場合、「どちらでもよい」というのが答えになります。WHOの"Infant and

young child feeding[7]には、**「食事の際に母乳を先に与えるか、それとも補完食を先に与えるかは重要ではありません。母親は自分の都合、もしくは子供の求めに応じて決めることができます」**という内容が書かれています。

授乳やミルクの前の方がよく食べる赤ちゃんもいるでしょうし、母乳やミルクを少し飲んで満ち足りた時に食べる方が食が進む赤ちゃんもいるでしょう。

お腹が空きすぎてて泣きだした赤ちゃんに補完食を食べさせるのは難しく、その場合はまず授乳やミルクをあげてからしきりなおし、というのも立派なやり方になります。

ご自身と赤ちゃん、お互いにとってやりやすい方法を見つけ出してみてくださいね。

（ただし、4〜6ヶ月の赤ちゃんに関しては「母乳の後に」[3]と書かれています。これは、おそらく授乳量を減らさないようにする工夫だと思います。WHOとしては6ヶ月まで母乳のみで育ててほしいため、このような記載になったのではないでしょうか）

具体的な数値を書いてしまいましたが、「どうしよう、こんなに食べてくれない……」「うちの子はこれよりも食べすぎているけど、減らした方がいいのかな」と不安になる方もいらっしゃるかもしれません。

これはあくまでも目安量です。実際には、哺乳量とそのエネルギー、補完食自体のエネルギー、赤ちゃんの体格、活動量、気候、その他によって必要な量は異なります。数字にとらわれすぎず、赤ちゃん自身の食べる様子と成長を見ながら、量を加減してみてください。

足りているかどうかが心配な場合は、身長と体重を計測し、母子手帳にある「成長曲線」の表に書き込んでみましょう。**もし成長曲線に沿って成長していれば、基本的に心配することはありません。**よくわからない場合は、主治医の先生に一度ご相談ください。

ただし、成長曲線のみでは鉄欠乏性貧血の有無などの判断はできません。

もし成長曲線では範囲内であるけれども、補完食をほとんど食べない（かつ、ミルクもほとんど使用していない）場合は、健康診断の時にでも「離乳食をあまり食べないのですが、貧血は大丈夫でしょうか」と相談してみてもよいかもしれません。必要であれば、採血をして貧血の検査をして確認します。

レスポンシブ・フィーディング

【要約】準備した全量を食べることを目的にしなくて大丈夫です。空腹や満腹のサインを受け取って、赤ちゃんの様子を見ながら食べさせてあげてください。無理強いは必要ありませんが、食べないものも繰り返し提供する根気強さも必要となります。

レスポンシブ・フィーディングとは何か

聞き慣れない言葉と思いますが、新ガイドラインで推奨事項としてあげられているレスポンシブ・フィーディング（応答性給餌）についてお話しします。

レスポンシブ・フィーディングとは、「**子どもが自律的に、生理的および発達上の必**

要性に応じて食べることを促すような摂食習慣のことであり、食べることの自己調節を促し、認知や情緒、社会的な発達を支援する可能性がある」[116]というように定義されています。

ちょっとわかりにくいですね。

補完食（離乳食）というと、養育者が準備して食べさせることばかりに注目しがちですが、実際に食べるのはお子さんです。ですので、赤ちゃんがいつか自分自身で楽しく健康的な食事ができるようになるように、赤ちゃんの反応を見ながら食事のサポートをしてあげること、と思ってもらえたらよいかと思います。

空腹と満腹のサイン[118]

ギャップを埋めることを考えると、準備したものは全部食べてほしい……！　という気持ちになりますが、実際にお子さんにとって必要な量というのは個人差があります。

満腹であれば、無理に食べさせる必要はありません。お子さんの空腹・満腹のサインに応じてあげることで、「お腹がすいたら食べる」「満腹なら食べない」というお子さんの調

節する能力の発達を促してあげることになりますし、将来的な肥満を防ぐことができる可能性があります。(116)

まずはテレビやスマホなど、気が散るものは避けましょう（ご家族がいると難しいこともあるかもしれませんが……）。

そして、**無理強いをしない**ことを最初に心に決めておきます。食べないからと無理に口を開けさせる必要はないんですね。

空腹のサインにはこのようなものがあります。

- 食べ物に体を傾けて口を開ける
- 食べ物を見ると興奮する
- 食べ物に焦点を当て、目で追う

満腹のサインにはこのようなものがあります。

・食べ物を吐き出したり押しのけたりする
・そわそわしたり、気が散ったりしやすくなる
・食べ物をあげようとすると口を閉じる
・食べ物から顔を背ける
・食べ物で遊びはじめる

食べさせている途中でも、満腹のサインがあれば無理強いはしません。準備したものを全部食べきれなくてもOKなんです（食物が無駄になるのでもったいないですが）。

ただ、赤ちゃんの自由に任せて欲しがるものを好きなだけ食べさせればいい、というわけではありません。

例えば子どもが野菜を嫌がるからという理由で野菜を準備しない、というのはレスポンシブ・フィーディングではありません。

子どもが野菜を受け入れるのには試行錯誤が必要ですので、むしろ野菜を繰り返し提供する必要があります。もし食べなくても、気が向いた時に食べられるように食卓には出すんですね（繰り返し繰り返し野菜に触れさせることで、野菜の摂取量が増えたり、食べら

れる野菜の種類が増える、というような研究結果があります。準備する側は大変ですが……)。

野菜に限らず、**子どもが新しい食べ物を受け入れるのには時間がかかります。**受け入れるのには6回～35回必要という研究[119]もあります。また、補完食を始めてから早いうちに野菜に触れさせることで、野菜の受け入れがよくなるという指摘[116]もあります。

ただし、無理強いはしません。けれども、諦めずに提供し続ける根気も必要になってきます。

気が楽になるかも……? 「食事における役割分担」

簡単なことのように見えますが、実践するのはなかなか困難と思います。一口も食べないうちから「満腹のサイン」を出されたりすると、どうしたらいいのか……となりますし、食べ残しを見てため息をついてしまう日もあると思います(うちの子はそんな毎日でした)。

ここで、食事における役割分担[120,121]、という考え方をご紹介します。

親は、「いつ・どこで・なにを」食べさせるかを決めて準備するのが役割。「どれだけ食べるか、食べるか食べないか」を決めるのは子どもの役割。

赤ちゃんが食べないと拒否するのに無理やり食べさせようとするのは、親の役割を超えています。逆に、「好きな時におかしが食べたい」と子どもが要求するのも、子どもの役割を超えています。

悩んだ時は、「役割分担」として整理すると、少し気が楽になるかもしれません。

無理強いはしない、でも赤ちゃんに任せっきりにはしない。食べる環境を整えて、健康的な食事を準備して、赤ちゃんの反応を見ながら食べさせてあげたり、大きくなったら自分で食べることを補佐してあげる。

赤ちゃんの食事は、とてもとても周囲の忍耐力がいりますし、イライラすることもたくさんあります。それでも食卓が笑顔になるように、「レスポンシブ・フィーディング」という考え方があることを知っておいてもらえたら、と思います。

母乳は続けた方がいいんですか？

～母乳育児の利点の話～

【要約】１歳以降の母乳にも免疫物質などが含まれているので、今母乳育児をしている方はできれば２歳まで続けてみてください。ただし完母にこだわる必要はありません。一滴の母乳には一滴の価値があります。また、今はミルクも非常に優秀です。ミルク育児も母乳育児もとても大変です。どちらの方も胸を張っていいと思います。

母乳育児をしたい人に伝えたいこと

本章の最後に、少し母乳の話をしたいと思います。補完食の資料を読みますと、繰り返し「母乳育児を続けましょう」「頻繁に母乳を与えましょう」ということが書かれています。

ミルク育児をしている人もたくさんいるにもかかわらず、ＷＨＯは母乳育児を強く推奨しています。なぜでしょうか？　というわけで、母乳育児の利点についてこれから少しお話しします。これは、補完食中だけの話ではなく、母乳育児全般のお話になります。

先に書いておきますが、これはミルク育児をしている方を責めるためのものでは決してありません。様々な事情で母乳を与えたくても与えることができない方がいることも承知しております。ですが、それでも書かせてください。これは「母乳育児をしたい人」を応援するためのメッセージです。

母乳よりもミルクの方が優れている？

母乳には利点がたくさんあるのですが、欠点もいくつかあります。例えば、母乳では不足しがちな鉄やビタミンＤ、そしてビタミンＫ（これは血を止めるのに大事な働きをしており、赤ちゃんの命に関わるため、生まれてから「ビタミンＫ２シロップ」というものをすでに何度か飲んでいると思います）などは、ミルクでは不足しないように調整されています。[11-14]

これだけ聞くと、ミルクの方が優れているように思えますね。これまでに「母乳じゃ足りない成分があるって聞いて、母乳はやめてミルクに切り替えようと思っているのですが……」といった相談を受けたこともあります。

しかし、完全にミルクに切り替えてしまうのは早計です。もったいないです。

母乳にはミルクでは補えない利点があります

母乳育児には利点があります。（程度の差はありますが、ミルクを併用している混合育児でも同様です）

母乳育児の利点について、WHOの各資料にもいろいろ書かれていますが、AAP（アメリカ小児科学会）の出しているポリシー及びテクニカルレポート「Breastfeeding and the Use of Human Milk」[12][13]に根拠を含め詳しい解説が書かれていますので、その内容を簡単にまとめてみます。

母乳育児は赤ちゃんの下記の病気のリスクを減らします。

・様々な感染症（呼吸器感染症、中耳炎、重度の下痢など）
・1型及び2型糖尿病、・炎症性腸疾患、喘息など
・小児の白血病の一部
・小児期の過体重や肥満
・SIDS（乳幼児突然死症候群）
・超低出生体重児の壊死性腸炎や遅発型敗血症など

他にも（様々な交絡因子《こうらくいんし》を補正しても）知能指数や学業成績がよいという研究などもあります。また、母親にもメリットがあります。

・分娩後の出血を減らし、子宮復古を促進する
・授乳による無月経により、妊娠間隔があく
・妊娠前の体重に早く戻る
・2型糖尿病、乳がん、卵巣がん、高血圧のリスクを減らす

ＷＨＯやＡＡＰが生後6ヶ月まで母乳のみで育てることを勧めているのには理由があります。前述のメリットをいろいろ鑑みて、補完食をスタートするベストのタイミングが6ヶ月頃である（つまり早すぎても遅すぎてもメリットが少なくなる）ということです。

母乳は単純な「栄養」ではありません

なぜ母乳にはこういった利点があるのでしょう。

それは、**母乳はただの「栄養」だけではない**、ということです。

母乳の中には生きた細胞や分泌型 IgA をはじめとした免疫グロブリン、種々のサイトカイン、成長因子などの生理活性物質が多数含まれています。[15][16]いまだに母乳中の全ての成分はわかっていませんし、どのような作用があるかも完全に解明できていません。

母乳は赤ちゃんにとって単純に優れた栄養、というだけではなく、これらの母乳中に含まれる様々な物質が相互に作用し、赤ちゃんを様々な病気から守ってくれているのです。

そして、これはいかに現代の科学の力が優れていても、ミルクで再現することはできません。ミルク育児ではどうしても補えないこれらの利点があるからこそ、母乳育児が推奨されているのです。

インターネットを見ていると**「1歳以降の母乳には栄養がない」というようなことを書かれているサイトを見かけますが、これは嘘です。**

母乳は分泌される時期によって組成が異なります。特に最初に分泌される初乳には、分泌型IgAなどの免疫物質が豊富に含まれています。その後、移行乳の期間を経て、成熟した成乳に変化します。しかし、免疫物質などの様々な物質は成乳になってからも分泌されています。

栄養の面で言うならば、6ヶ月～12ヶ月の間は必要なエネルギーの6～7割を、1歳以降2歳まではエネルギーの4割程度を母乳から得ることができます。(116)

WHOは少なくとも2歳までの母乳育児を推奨しています。

ミルク育児でも母乳育児でも胸を張ってほしい

私自身、自分の娘たちに、母乳もミルクも与えてきました。育児は人それぞれで、ライフスタイルもいろいろあります。私は、母乳育児もミルク育児も応援しています。

しかし、極端な母乳信仰への反発とは思うのですが、最近のインターネットでの情報を見ていると、母乳の利点を過小評価する風潮が見受けられます。母乳育児を頑張ろうという方が萎縮している様子を見ると、とても悲しい気持ちになります。

ミルク育児の方も胸を張っていい、自信を持って育児をしてほしいです。液体ミルクも登場しましたが、粉ミルクの調乳や哺乳瓶の管理は本当に大変です。その苦労は母乳を与えるのよりも大きいかもしれません。それに今のミルクは大変優秀です。あなたの愛情を一身に受けて、きっとあなたの赤ちゃんはすくすく育っていることでしょう。

でも**母乳育児の方も胸を張っていいんです。**

「完母」に追い詰められる必要はありません

いわゆる「完母」、完全母乳育児（母乳のみでミルクを一切使わない育児のこと）という言葉に追い詰められないでください。

産婦人科医でＩＢＣＬＣ[註8]の戸田千先生が、ご自身のブログの中で「一滴の母乳には一滴の母乳の値打ちがあり、10mℓの母乳には10mℓの母乳の値打ちがあります」[109]と書かれていますが、本当にその通りだと思います。

私自身、産後母乳がにじむようにしか出ず、長くミルクと混合で育児をしてきました（途中で哺乳瓶拒否になったため母乳のみになりましたが……）。完母を過剰に勧めるサイトを見て、ミルクを与えている自分に、母乳が十分に出ない自分に失望した時もありました。ミルクでも十分赤ちゃんが育つことを知っていたにもかかわらず、です。そのくらい、「完母」には振り回されました。あの時に、「一滴の母乳には一滴の母乳の値打ち」という言葉に出会えていたらなあと思います。

様々な事情で途中からミルク育児になった方も、それまでに与えた母乳には、それだけの値打ちが必ずあります。

今、母乳育児をされている方も、これから補完食を進めて行く中で、「もう母乳をやめようかな……」と思う時もあると思います。でもできるなら1年、できれば2年、母乳を続けてみませんか。

一滴の母乳には、きっと一滴の値打ちがあります。

註8　国際認定ラクテーション・コンサルタント。母乳育児支援をする一定水準以上の技術・知識・心構えを持つヘルスケア提供者

第2章

栄養から考える
補完食

エネルギーギャップから考えるよい補完食

【要約】1gあたり0・7kcalを超えるものが、エネルギーからみた場合の「よい補完食」です。これより薄い場合は、量を多く食べさせる必要があります。

必要な補完食の量は赤ちゃんによって異なる

さて、赤ちゃんが生後6ヶ月を過ぎた頃から徐々に母乳やミルクだけでは、成長するのに十分な栄養を得ることができなくなってくることをこれまでにもお話ししてきました。ここからはもうちょっと詳しい話をしていこうと思います。

また、具体的な数字を出して説明していますが、実際に必要なエネルギーの量や食べる必要がある補完食の量は、赤ちゃん個人個人によって違います。あくまでも「日安」であり、参考程度にしてください。補完食が足りているのかどうかについては、母子手帳に載っている成長曲線のカーブに沿って大きくなっていれば、おおよそ順調です。**1回1回の食事量に一喜一憂しなくて大丈夫**ですよ。

赤ちゃんのエネルギー必要量と母乳から得られるエネルギー

赤ちゃんは生まれてきてから、母乳やミルクを飲んで成長します。母乳やミルクには様々な栄養が概ねバランスよく含まれています。最初はほんの少しの量しか飲めませんが、大きくなるにつれ、飲む量も増えていきます。こうして飲む量を増やすことで、成長に必要な栄養を母乳やミルクから十分得ていることになります。

しかし、**赤ちゃんが6ヶ月頃になってくると、いくら飲む量を増やしても、母乳やミルクだけでは限界**がやってきます。

一番わかりやすいエネルギーについて見てみましょう。

月齢別の必要エネルギーと母乳から得られるエネルギー

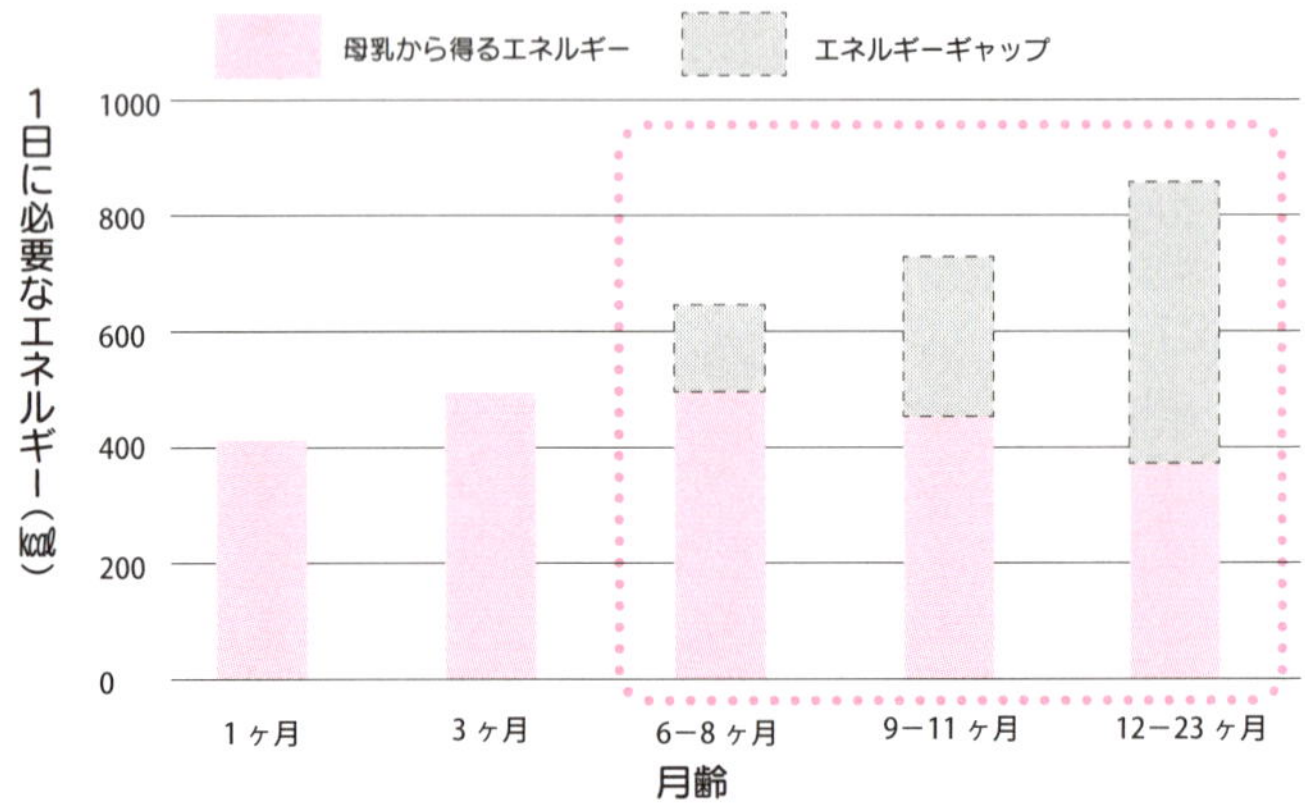

1ヶ月、3ヶ月は文献（122）、6ヶ月以降は文献（116）を元に作成

ＷＨＯの旧ガイドラインにわかりやすい図が載っていますが、この図に新ガイドラインのデータを反映してみたものをお示しします。

赤ちゃんが大きくなるにつれ、必要なエネルギーの量も当然増えていきますが、生後６ヶ月までは母乳やミルクから十分にエネルギーを摂取することが可能です。

しかし、生後６ヶ月を過ぎた頃にはどうなるでしょうか。生後６～８ヶ月頃になると、赤ちゃんにとって必要なエネルギーは約６５０kcalほどになります。しかし、母乳やミルクだけで得られるエネルギーは約５００kcal、６５０－５００で、約１５０kcalの「ギャップ」が生じてしまうのです。

この「ギャップ」は赤ちゃんが大きくな

るにつれ、さらに大きくなります。

生後9〜11ヶ月になると、約250kcal、1歳を過ぎて生後12〜23ヶ月になると約500kcalの「ギャップ」が生じます。成長に必要なのに、母乳やミルクだけでは足りない……この**「ギャップ」を埋めるのに必要なのが補完食**ということになります。

エネルギーのギャップを埋めるためには「濃い」補完食が必要

さて、生後6〜8ヶ月では約150kcalのエネルギーのギャップがあるので、補完食で補う必要があります。

150kcalをどうやって赤ちゃんに食べさせてあげたらいいでしょうか。

150kcalをこの月齢の赤ちゃんに食べさせようと思うと、工夫が必要になります。

なぜなら、次のような理由があるからです。

- **赤ちゃんは胃の容量が小さい**
- **この時期のさらさらの補完食（離乳食）は思いの外「薄い」**

第1章でもお話ししましたが、赤ちゃんの胃の容量は、体重×30㎖程度[7]です。7kgの赤ちゃんでは210㎖程度、とても小さいですね。1食で150㎉を食べさせるには、あまりに小さい胃の大きさということがわかります。

そのため、1回の食事で必要なエネルギー全部を補うのは難しいので、2回、3回に分けて食べさせる必要がありそうだな……ということになります。一度にたくさんの量を食べることができる赤ちゃんであれば2回に分ければよいでしょうし、逆にあまり量を食べるのが苦手な赤ちゃんであれば、3回に分けて与える方がスムーズかもしれません。

従来の離乳食の「1回食」「2回食」「3回食」は月齢などを目安にして増やしていきますが、補完食では、**ギャップを埋めるために必要だから回数を増やす**、という考え方になります。

しかし、いかに回数を増やしても、もしこの補完食が全部水だけでできていたらどうでしょうか。水……エネルギーがありませんね。飲んだ直後はお腹いっぱいになるかもしれませんが、栄養はありません。

極端な例として水をあげましたが、とても水っぽい補完食だった場合、これと同じようなことが起こります。水っぽいサラサラな補完食では、たくさん食べさせればお腹は一時的にいっぱいになりますが、栄養が足りません。

「母乳・お粥・ご飯のエネルギー比較（100gあたり）」（27ページ）を再度ご覧ください。母乳と十倍粥、全粥（五倍粥）、ご飯の100gあたりのエネルギーを比較しましたね。あの表を参考にすると、150kcalの補完食を食べさせようと思ったら、十倍粥ではなんと約417g食べさせる必要があることがわかります。全粥であれば211g、ご飯であれば89gが必要です。

いかに工夫して、赤ちゃんに頑張ってたくさん食べさせても、**食べさせるものが薄すぎると、十分なエネルギーを赤ちゃんに与えることができません。**補完食はある程度「濃さ」がなければ、「ギャップ」を埋めることが難しいことがわかると思います。

目安になるのは、母乳の濃さです。母乳よりも薄いものを食べさせてしまうと、本来補完食でギャップを埋めるはずが、薄い補完食でお腹いっぱい→その分の母乳が飲めない→母乳をお腹いっぱい飲んだ時よりも栄養が足りていない……ということが考えられます。

食べさせるなら、母乳よりも濃いものです。

ベビーフードなどを見ると、パッケージの裏面に成分表示が書かれています。100gあたり、もしくは1パッケージあたり（80gのレトルトパウチであれば80g分の成分表示）で書かれています。

1gあたり0・7kcalを超えるものが、エネルギーからみた場合の「よい補完食」です。これより薄い場合は、量を多く食べさせる必要があることを覚えておいてください。

エネルギー以外の栄養素のギャップ

【要約】エネルギーの他に特にギャップが大きくなりやすい栄養素は、「鉄、亜鉛、カルシウム、ビタミンD」があげられます。これらが多く含まれている食材を意識的に与えましょう。

栄養素にもギャップが生じる

さて、先ほどエネルギーを例にあげて、母乳やミルクだけでは足りない分の「ギャップ」を補完食で埋めようという話をしました。

エネルギーだけを考えるのであれば、五倍粥より濃いお粥をたくさん食べさせれば、ギャップを埋めることは可能でしょう。しかし、実際には**様々な栄養素の「ギャップ」**

があり、これは**お粥だけ食べさせていてはいつまでも埋めることができません。**

まず、三大栄養素のたんぱく質・脂質・炭水化物は、生きていくために必要なエネルギー源となるだけでなく、体の組織を作る材料になるなど、様々な働きをしています。

また、量としては微量でも、生命を維持するために重要な働きをしている様々なビタミンやミネラルも忘れてはいけません。

本来は、それぞれの栄養素に着目し、それぞれの「ギャップ」を埋めるために必要な食品の組み合わせを考えていくのが一番よいのでしょう。

しかし、毎日の食事でそれら全てを考えるのはあまりに煩雑すぎます。

ですので、ここからは「いろいろな食材を組み合わせなかった場合、特にギャップが大きくなりやすい栄養素」をいくつかピックアップして解説していきます。

特にギャップが大きくなりやすい栄養素

ＷＨＯの新ガイドラインでは、「ギャップ」が大きくなりやすい栄養素として、**鉄、亜**

鉛、カルシウム、ビタミンDがあげられていますが、特に鉄はギャップが起こりやすいのに加えて、欠乏すると悪影響が出る可能性が高いため、しっかりご説明したいと思います。

これらのビタミンやミネラルは、ざっくり言いますと「**体の調子を整えるもの**」と考えていただいて結構です。体の中で様々な役割を果たしており、それらが非常に複雑にからみあって、結果として体の調子を整えています。たくさん食べれば病気が治るという性質のものではありませんが、足りなくなると体の調子がおかしくなる、という理解で十分事足ります。

ある程度細かい内容をざっと解説していますが、「難しいことを書いているけど、要するに体の調子を整えているんだな」と思いながらさらっと読んでいただけたらと思います。

また、解説していない栄養素についても、どうすればバランスよく摂取することができるか考えていきましょう。

鉄

【要約】乳幼児期の鉄欠乏は神経運動発達系に悪影響を与える可能性があり、貧血にもつながるため、積極的に鉄を与える必要があります。

鉄にはヘム鉄と非ヘム鉄があり、ヘム鉄の方が体に吸収される率が高いです。また、非ヘム鉄はビタミンCや食肉たんぱく質と一緒に摂取することで吸収率を上げることもできます。鉄強化食品を取り入れるのもよいでしょう。

母乳と鉄の話

赤ちゃんが生後6ヶ月を過ぎたあたりから、成長に必要な栄養の量と、母乳やミルクだけで得られる栄養の量には「ギャップ」が生じる話をしてきました。エネルギー以上に大きな差が生じるとても大事な栄養があります。それが「鉄」です。

実は**母乳の中には鉄はほとんど含まれていません。**

文献によりますが、平均して１ℓ（１０００㎖）中に０・35㎎[20]程度です。１日に赤ちゃんが飲む量を７８０㎖と仮定しますと、１日に母乳から得られる鉄の量は０・27㎎ということになります。（ただし、母乳中の鉄は45〜１００％と吸収率がよいことも知られています[20]）

赤ちゃんの成長には毎日たくさんの鉄が必要になります。それをどうやって補っているのでしょうか？

その鍵は、実は妊娠中にあります。妊娠後期になると、お母さんの体から赤ちゃんへたくさん鉄が送り込まれ、赤ちゃんの体の中に蓄えられます（そのため早産児の場合、貯蔵鉄が十分ではない可能性があるので、鉄を補充することが推奨されています[24]）。

赤ちゃんは生まれてしばらくは、この体の中にある鉄を利用してすくすくと成長しており、母乳の鉄がわずかでも問題ないと考えられています[25]。

しかし、生後4ヶ月頃になると徐々にこの貯蔵鉄が不足しはじめ、6ヶ月頃になると底をついてしまいます。そのため、この**6ヶ月頃から母乳に加えて、食事から「鉄」を補充する必要が出てきます。**

母乳から得られる鉄の量は1日0・27mg程度なのに対し、「日本人の食事摂取基準（2025年版）[18]」では月齢6〜11ヶ月の乳児の1日の推奨量は4・5mgとなっています。

鉄はとても重要な微量元素の一つです。赤血球のたんぱく質であるヘモグロビンに含まれ、体のあちこちに酸素を運ぶ役割をしていることをご存知の方も多いのではないでしょうか。

体の中の鉄が足りなくなると、ヘモグロビンを十分に作ることができなくなり、いわゆる**「鉄欠乏性貧血」**になります。鉄欠乏性貧血になると、臓器や組織に酸素を十分に運ぶことができなくなってしまいます。すると、体のあちこちが酸欠状態になり、疲れやすい、息切れをする、イライラする、めまいがする……といった症状がでてきます。

ただし、赤ちゃんはそういった症状を訴えることができません。また、貧血の程度の軽いうちは症状はほとんどなく、健診などで顔色やまぶたの下側が白っぽいことや、胸の雑音を指摘されて、貧血の検査（血液検査）をして、そこでようやく貧血がわかる、というようなパターンが多いでしょう。

しかし、実は鉄欠乏性貧血になる前から、体は**「鉄欠乏」**の状態にあることをご存知でしょうか？

赤ちゃんも大人も、肝臓などに鉄が蓄えられています。これを貯蔵鉄といいます。必要に応じて、この貯蔵鉄を出し入れして使っています。

体の中の鉄が少なくなると、まずはこの貯蔵鉄を使って血液中に送り出します。そのため、血液の中の鉄の量は少なくなりませんし、貧血にもなりません。

更に鉄が足りなくなると、この貯蔵鉄を使い果たしてしまいます。すると、血液の中の鉄も使うことになり、骨髄で赤血球を作るための鉄も不足して、ついに「鉄欠乏性貧血」になってしまうのです。

つまり、まず「鉄欠乏」になり、それが進むと「鉄欠乏性貧血」になる、ということですね。

「貧血になっていないなら、鉄欠乏でもいいんじゃないの？」と思われるかもしれませんが、鉄は赤血球のためだけに存在しているわけではありません。

鉄は生体内で様々な重要な役割を果たしています。細胞でのエネルギー生産に関わったり、DNAの複製や修復に関わったりと、成長その他生命を維持するために不可欠な金属なのです。[21][22]

鉄は脳でのエネルギー代謝や神経伝達、髄鞘《ずいしょう》化《か》など中枢神経系の発達においても重要な役割を果たしているため、**乳幼児期の鉄欠乏が神経運動発達系に悪影響を与える可能性があると**いう報告もあります。[23]

また、鉄欠乏性貧血になってしまってから治療を開始しても、精神運動発達や認知機能への効果がないかもしれない（少なくとも短期的には効果があるというエビデンスに乏しい）とも言われています。[26]

補完食で「鉄」を補うことで、「鉄欠乏」になること自体を防ぎたいですし、もしそれを防ぎきれず「鉄欠乏」になったとしても、それ以上の「鉄欠乏性貧血」になるのを防ぎたいのです。

体内の鉄の量から見る鉄欠乏と鉄欠乏性貧血

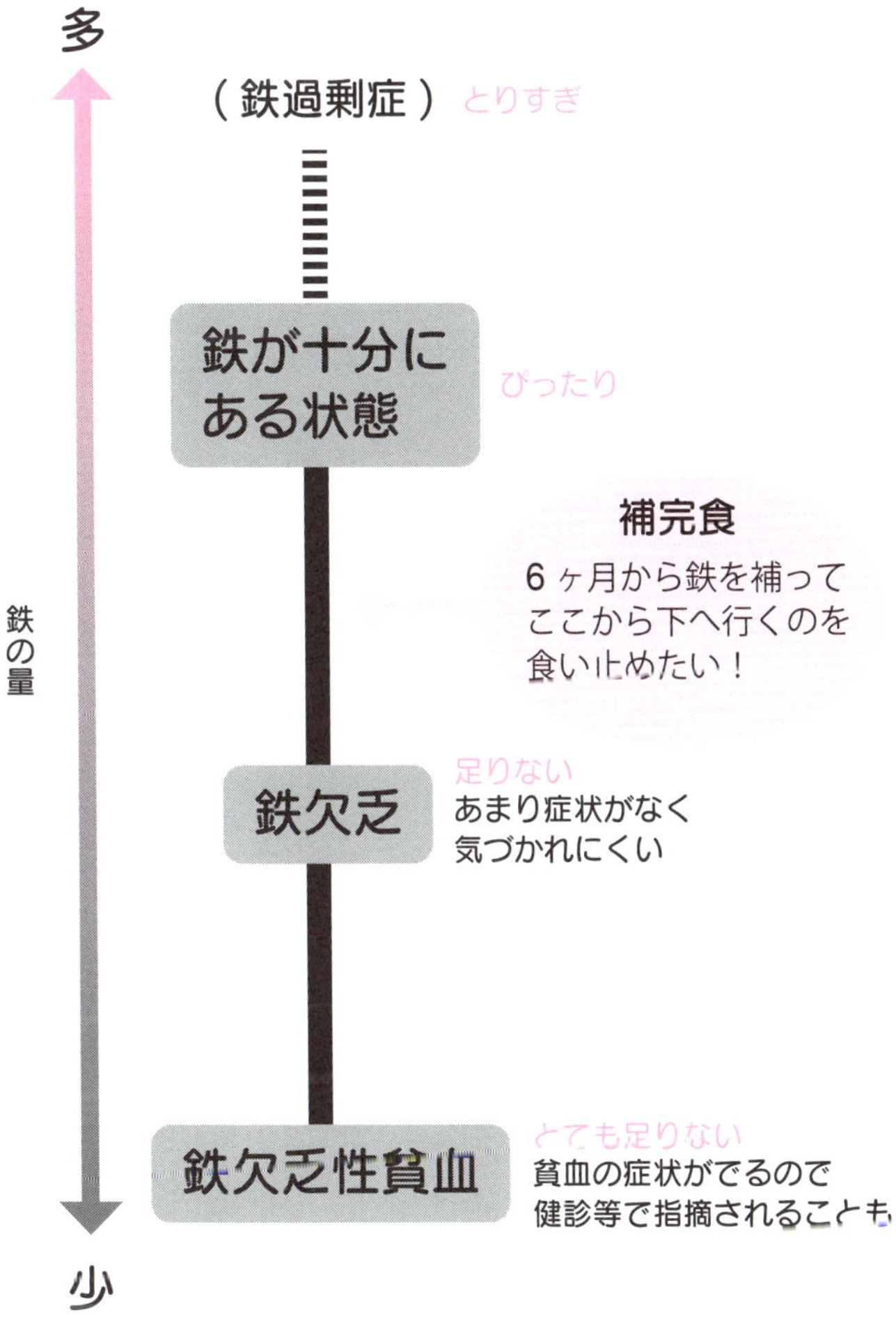

鉄には二種類あるってご存知ですか

それでは補完食で鉄を多く含む食材を取り入れるとしましょう。

さて、みなさんは鉄を多く含む食品と言えば、どんな食品を思いつくでしょうか？

「そういえばほうれん草の赤い部分には鉄が多いって聞いたことがあるから、ほうれん草をたくさん食べさせたらいいのかな？」

「レバーが貧血に効くっていう話も聞いたことがあるなあ」

鉄を含む食材はいろいろありますが、実は鉄は大きく2種類に分けることができます。それは、**ヘム鉄**と**非ヘム鉄**です。なんだかちょっと言いにくいですね。

ヘムはヘモグロビン（hemoglobin）のヘムです。ヘム鉄は主に赤血球のたんぱく質であるヘモグロビン由来の鉄です。ですので、ヘム鉄は、元々ヘモグロビンやミオグロビン（筋肉にあるたんぱく質）を多く含む動物性の食品（**赤身肉、魚、レバーなど**）に多く含まれます。[21]

ヘム鉄以外の鉄が非ヘム鉄です。**豆やオートミール、ほうれん草、小松菜、卵黄**など様々な食品に含まれています。

鉄の種類なんてあまり興味ないな……という方もいるかもしれませんが、補完食を考える時にちょっと役立ちますのでお話しさせてください。

鉄を食べた時、実は丸ごと体に吸収されて使われるわけではありません。鉄はあまり吸収率がよくないのです。この鉄の吸収率は、ヘム鉄と非ヘム鉄によって大きく違います。文献により差はありますが、ヘム鉄は20％前後、非ヘム鉄は５％前後。かなり差がありますね。そのため、**補完食で食べさせる場合にも、吸収のよいヘム鉄を多く含む食品を意識的に取り入れることが、鉄を補完する鍵となります。**

しかし、非ヘム鉄も吸収はよくありませんが、他の食品との組み合わせによって吸収をよくすることが可能です。効率が悪いからヘム鉄だけを摂取する……のではなく、いろいろな食品を上手に使うようにして、鉄を補完していきましょう。

鉄の吸収をよくする工夫

さて、ヘム鉄は食事の影響を受けません。

これに対して、非ヘム鉄は一緒に食べる食事の影響を受け、吸収率が変化します。非ヘム鉄を含む食材は日本にも豊富にあります。

いろいろな食品を食べると、その他の栄養素もバランスよく摂取することができます。

ぜひ食品の組み合わせを考え、非ヘム鉄を含む食品も上手に摂取していきましょう。

●ビタミンC

ビタミンC（アスコルビン酸）は非ヘム鉄の吸収をよくします。

ビタミンCは水に溶けやすく、加熱に弱い性質があるので、果物などを生で食べられるように刻んだりつぶしたりして与えると効率的に摂取できます。

もし生のものを与えることに抵抗があれば、もちろん加熱調理してもかまいません。食材により調理によるビタミンCの残存率[27]には差がありますが、加熱調理で50％程度は残ります。茹でるよりは炒める、蒸す、電子レンジで加熱などの方が残りやすい傾向がありますので、調理の時の参考にしてください。

ちなみに母乳や粉ミルクにもビタミンCは含まれます。母乳は１００mℓあたり５mg[18]、粉ミルクは１００kcalあたり10～70mg[28]と多くはありませんが、粉ミルクを調理に利用したり、補完食前後に授乳するのもアイデアの一つとしては悪くないかもしれません。

●肉やレバー、魚といった食肉たんぱく質

肉やレバー、魚といった食肉たんぱく質と同時に食べることにより、非ヘム鉄の吸収がよくなります。[22]

ビタミンCや食肉たんぱく質の存在により、どのくらい吸収率が高まるかというのは一概には言えませんが、WHOの補完食の資料では、ビタミンCの存在で＋5％、食肉たんぱく質の存在により＋5％、両方の存在により＋10％と仮定して計算されています。

例えば、非ヘム鉄である豆だけであれば吸収率は5％しかありませんが、豆とビタミンCを一緒に摂取すれば10％、さらにそこに食肉たんぱく質を摂取すれば15％の吸収率になる、という計算になっています。ヘム鉄の吸収率が20％程度（WHO「補完食」[3]では15％で計算）であることを考えると、かなり吸収に影響を与えると考えられます。

補完食に使いやすい、非ヘム鉄を含む食材はたくさんあります。ぜひ他の食材と上手に組み合わせてみてくださいね。

鉄を強化した食品も活用しましょう

ＷＨＯの新ガイドラインでは、様々な食材を使って補完食のバリエーションを想定していますが、シミュレーション上、一番よい組み合わせでも鉄のギャップを埋めることはできていません。つまり、鉄のギャップはそのくらい大きいのです。

鉄などを強化した食品を使うことについては、「強化されていない食品だけでは栄養要件を満たすことができないいくつかの状況では、生後６〜23ヶ月の子供は栄養補助食品や強化食品の恩恵を受ける可能性がある」と書かれています。ただ、強化食品については、低所得国などの食材が十分に手に入らない状況で配布されている商品などを想定して書かれているので、日本の状況とは異なります。

日本の食材でもギャップを埋めることができないか、私もいろいろ工夫してみましたが、やはり鉄に関しては強化食品なしにギャップを埋めるのは困難でした。

ですので、ぜひ鉄を強化した食品も上手に使ってもらえたら、と思います。

ただ、あくまでも強化食品というのは、単一もしくは個別の栄養素を強化している食品であり、多様な食事のメリットに及ぶものではありません。**いろいろな食品を食べること**

を大前提とした上で、上手に強化食品も使ってみてください。

海外に行きますと、**赤ちゃん用の鉄強化シリアル**などが販売されています。

海外製品を個人輸入して使用することについては、信頼できるメーカーのもので、ご自身で原材料や成分表などを確認できるのであれば、使用するのも一つの手だと思います。ただし、なにかトラブルがあった時に対応するのが難しいかな……と考えて、積極的にお勧めはいたしません（製品が悪いという意味ではありません）。

本書では国内で手に入りやすい食材、商品で「補完食」を実践する方法を書いています。

●国内で手に入る赤ちゃん用の鉄強化食品

現在、日本の国内で手に入る赤ちゃんの使える鉄強化食品は、**赤ちゃん用ふりかけ、赤ちゃんせんべいなどのお菓子、ジュース、ベビーフード（粉末、レトルトなど）**などが発売されています。

ただし残念なことに、生後6ヶ月頃の初期に使うことができる赤ちゃん用の鉄強化商品は、私が調べた範囲ではあまり多くありません（書かれている月齢はあくまで目安なので、使えないわけではありませんが）。とはいえ、この本の初版を書いた当時より、かなり種類が増えてきております（ベビーフードメーカーさん、本当にありがとうございます）。

他にも赤ちゃん用ではありませんが、「離乳食から使えます」と書かれた鉄を強化したヨーグルトや、お米と一緒に炊いて使うタイプのサプリメントなどもあります。

●初期から使いやすいのは粉ミルク

前述の商品以外で鉄を強化する方法として、初期から活用できるよいものがあります。それは**「粉ミルク」**です。粉ミルクは、100㎖あたり0・8㎎前後の鉄を含んでいます（メーカーによって差があります）。

補完食を調理する時に、水の代わりにミルクを使うと、鉄やエネルギー、亜鉛、カルシウムその他の栄養素の底上げが可能になります。**ぜひ粉ミルクを食材として、うまく活用してみてください。**

乳アレルギーがあると使いにくいのですが、アレルギー用のミルクというのも販売されています（数種類ありますが、アレルギーの反応が出ることがありますので、まずは専門の先生にご相談ください）。

●フォローアップミルクは「牛乳」の代替品です

生後9ヶ月を超えてくると、フォローアップミルクも利用可能です。ただし、あくまでもフォローアップミルクは「牛乳」の代替品の食品であって、「ミルク」の代替品ではありません。

牛乳は安価かつ様々な栄養素が含まれている食品ですが、残念ながら鉄などが不足しています。**乳児期に牛乳を大量に飲むと、鉄欠乏性貧血になる**ことが知られています。

そのため、「牛乳の代替品」として、鉄や鉄の吸収をよくするビタミンCが添加されたフォローアップミルクが登場しました[34]。鉄の量としてはミルクよりも多く、またミルクより安価であることも特徴の一つです。

しかし、ミルクとは違い、**亜鉛や銅は通常入っていません**。補完食のあまり進んでいない時期に、ミルクの代わりにフォローアップミルクを使ってしまうと、むしろ栄養のバランスを崩してしまう可能性があります。

フォローアップミルクは粉ミルクとそっくりの缶に入っていて「9ヶ月からの……」と

いうような売り方をされているため、「9ヶ月からは粉ミルクからフォローアップミルクにかえなくてはいけない」と勘違いをされている方が少なくありません。医師などからフォローアップミルクを使用するよう指導があった、経済的にミルクが使えないなどの特別な事情がなければ、9ヶ月を超えてからもミルクを使い続けて問題ありません。また、母乳の方があえてフォローアップミルクを使う必要もありません。

補完食の新ガイドラインでも12ヶ月以降は動物性ミルク（牛乳など）を使用すればよく、フォローアップミルクの使用は（鉄やビタミンDの状態を改善する可能性はありますが）推奨されていません。

残念ながらミルクや母乳のかわりにはならないフォローアップミルクですが、補完食に「食品」として用いること自体は構わないのではないか、と私は考えています。ただ、鉄以外にも不足しがちな亜鉛なども含んでいるミルクを使う方が、いいかもしれませんね。

亜鉛

【要約】亜鉛不足による皮膚炎や味覚障害、発育障害を防ぐため、鉄と亜鉛を同時に摂取できる牛や豚の赤身肉、レバーなどを生後6ヶ月頃から始めてみましょう。

亜鉛の役割

亜鉛は300種類以上の酵素の活性化に関わり、免疫機能やたんぱくの合成、創傷治癒、DNA合成、細胞分裂に重要な役割を果たしています。(29)(30) 具体的な役割としては、身長の伸びや皮膚代謝、生殖機能、骨格の発達、味覚の維持、精神・行動への影響、免疫機能などがあります。(30) 亜鉛が不足すると、皮膚炎や味覚障害、発育障害などが起こってくる可能性があります。

亜鉛のギャップはなぜ起こる？

母乳中の亜鉛濃度は、産後徐々に低下していきます。哺乳量を1日0・78ℓで計算すると、産後1ヶ月2・15mg→2ヶ月1・56mg→6ヶ月0・94mg→7ヶ月以降は約0・5mgとなります。[31] これに対し、6～11ヶ月の亜鉛の目安量（十分な科学的根拠が得られない場合に設定される量で、目安量以上を摂取していれば不足のリスクはほとんどないと考えられる量です）は2mg。[18][31] 大きな「ギャップ」がありますので、補完食で補う必要があります。

亜鉛を多く含む食品

亜鉛を多く含む食品は、鉄を多く含む食品と被っている部分があります。鉄と亜鉛を同時に補う意味で、**牛や豚の赤身肉、レバー**を6ヶ月頃から徐々に開始してはどうでしょうか。

カルシウム

【要約】カルシウムは骨を丈夫にする以外にも、人体にとって重要な役割を担っています。カルシウムといえば牛乳のイメージがありますが、鉄不足の恐れがあるので、飲用に使うのは1歳以上から。骨ごと食べられる魚、野菜や大豆にも含まれています。

カルシウムの役割

カルシウムは人体に最も多く含まれるミネラルです。そう、体を支える骨にたくさん含まれていますね。

カルシウムは骨を丈夫にするために必要なミネラルとして注目されることが多いです

が、実際には骨を貯蔵庫として、筋肉の動きや神経の伝達、細胞内のシグナル伝達、ホルモン分泌といった人体にとって非常に重要な役割を果たしています。[35]

カルシウムが不足しても、すぐさま症状が現れることはありません。特別な病気などがなければ、貯蔵庫である骨からカルシウムを取り出して体の中で使うからです。しかし、長い時間カルシウムが不足すると、貯蔵庫である骨がスカスカになります。(これはビタミンDと密接に関係してきますので、後述するビタミンDの話も読んでみてください)

カルシウムのギャップはなぜ起こる?

赤ちゃんはぐんぐんと成長します。その際、当然骨も大きく丈夫になる必要があります。そのための材料として、カルシウムが必要になります。

母乳中のカルシウム濃度は、2ヶ月頃までは300㎎/ℓ程度ありますが、徐々に減少し、8ヶ月を超える頃には約230㎎/ℓになります。[36]

6ヶ月以降の必要なカルシウム量は目安量で250㎎とされています。これは、母乳から得られる量と離乳食から得られる量を足し合わせた量で、離乳食からは約130㎎摂取する計算となっています。[18]

この母乳だけでは不足する分が「ギャップ」となります。

カルシウムを多く含む食品

カルシウムは**乳製品**に多く含まれます。新ガイドラインでは生後6ヶ月以降であれば牛乳を飲用に使ってもよいとされていますが、牛乳には鉄があまり含まれていないため、1歳未満では大量に飲むことはお勧めしません（**補完食の材料として使用する程度の量であれば問題ありません**）。

乳製品以外でWHOの補完食でも勧められているものとしては、**骨ごと食べられる小魚**や、**缶詰の魚**、**干物の魚**があります。食塩で味付けしたものは塩抜きをする必要がありますので、できれば食塩を使用していないものをお勧めします。

吸収率は若干よくありませんが、野菜や大豆製品にも含まれます。[112]

赤ちゃんの好みもありますので、いろいろ工夫して摂るようにしましょう。

ビタミンD

【要約】ビタミンDは骨の成長など重要な役割を果たしており、食事と日光浴により得られます。お勧めの食材は、しらすやいわし、きのこ類、卵黄です。日光なら、顔と手の甲に光が当たる状態で、夏場は10分、冬場は1時間ほどで必要なビタミンDが生成されます。

ビタミンDの役割

ビタミンDは脂溶性ビタミンです。ビタミンDは消化管でのカルシウムの吸収を促したり、血液中のカルシウムとリンの濃度を調節して骨を健康に保ったり、骨の成長に重要な役割を果たしているビタミンです。その他、細胞の成長、神経筋機能および免疫機

能の調節等様々な役割を果たしています。(37)

ビタミンDには二つの供給源があります。一つが食事（母乳含む）から得られるもの、もう一つが日光中の紫外線を浴びることで作られるものです。(18)

ビタミンDが不足すると、骨をきちんと石灰化することができなくなり、骨が弱くなったり、変形したりします（くる病といいます）。

ビタミンDのギャップはなぜ起こる？

残念ながら、赤ちゃんにとって十分な量のビタミンDは母乳に分泌されていません。もしお母さんがしっかりとビタミンDを摂取していたとしても同様です。(38) そのため、**赤ちゃん自身が日光を一定以上浴びるか、もしくはミルク（粉ミルクはビタミンDが強化されています）やサプリメント、補完食で補充**して与える必要があります。これは生後6ヶ月未満の赤ちゃんでも同様です。

AAP（アメリカ小児科学会）は、母乳育児の赤ちゃんに産後数日後から1日あたり400IU[註9]のビタミンDを補充することを推奨しています。(39) また、**日光を浴びる場合は、皮膚**

がんのリスクを下げるために、直射日光の当たらない場所で帽子や服を着用することを推奨しています。[38]

日光を浴びることで４００IU（10μg《マイクログラム》）のビタミンDを生成しようとした場合、顔と手の甲が日に当たる状態であった場合、**夏であれば約10分、冬であれば1時間程**かかります（これは日本の中でも地域で大きく異なります。興味のある方は国立環境研究所地球環境研究センターのサイトを参照してみてください）。[40]

生活環境によりますが、母乳＋日光だけで十分なビタミンDを補えない可能性が高いのではないでしょうか。補完食がスタートしてからはその「ギャップ」を埋めるため、食事からもビタミンDを摂取する必要があります。

少し補完食のテーマからは脱線しますが、補完食を始める前のビタミンDはどうやって補うといいでしょうか。

前述した通り、一定以上の日光を浴びることが一つ、もう一つはビタミンDサプリメントを使うことになります。（ミルクにも含まれますが、母乳には栄養面以外の利点がありますので、母乳と置き換えることはお勧めしません）

赤ちゃん用のビタミンＤサプリメントは市販されています。

ＡＡＰはビタミンＤサプリメントを使うことを推奨していますが、日本では現在のところ特別推奨などはされておりません。厚生労働省の出している「日本人の食事摂取基準（２０２５年版）」[18]でも、乳児のビタミンＤの目安量は「母乳に含まれるビタミンＤから算定すると、不足を回避するのは困難」として、くる病防止に必要な量で算出されています。

日光を浴びる機会が少ないと感じるのであれば、サプリメントを使うのも一つの手であると考えます。

ビタミンDを多く含む食品

離乳食のレシピ本にもよく出てくる「**しらす**」がビタミンＤを多く含みます。その他、**鮭やいわしなどの魚**にも多く含まれていますので、手に入りやすいものがあれば活用してみてください。

きのこ類にも比較的多く含まれています。きのこ類は日光（紫外線）をあてるとビタミンD2の量が増えます。(104)(105)(106)例えば干し椎茸は、笠の裏側の方から日光を1時間あてますと、干し椎茸1枚あたり20IU（照射前）→488IU（照射後）に増えるというデータ(106)もあります。～11ヶ月の赤ちゃんであれば、1／2枚で目安量になる計算になります。もし余裕があれば天気のいい日に天日干ししてみるといいかもしれません。

卵黄はビタミンD以外にも様々な栄養の宝庫ですので、アレルギーがないようであればぜひ活用してみてください。

註9　国際単位、アイユー。ここではビタミンDの量を表す単位。1μg＝40IUになります

第3章

補完食の作り方と食べさせ方

食材の注意点①　選び方

【要約】補完食は、身の回りで手に入りやすい食材の中でも、調理しやすく衛生的で安全なもの（病原体・有害な化学品や毒素・喉に詰まりそうなものがない）で作るとよいでしょう。

補完食で推奨される食材とは？

さて、いろいろとややこしい補完食の話をしてきましたが、具体的にどんな食べ物をどんな風に調理して、どんな風に進めていくとよいでしょうか。

WHOの補完食に書かれている内容を踏まえつつ、日本で簡単に手に入る食材の調理法などを考えていきましょう。

よい補完食とはなんでしょうか。それはこのように書かれています。[3][7]

・エネルギー、たんぱく質、微量栄養素（特に鉄、亜鉛、カルシウム、ビタミンA、ビタミンC、葉酸）に富んでいる
・衛生的で安全
・辛すぎず、塩辛すぎない
・子供が食べやすい
・子供が好む
・地域で入手可能かつ購入可能
・準備しやすい

特殊な食材を用意する必要はなく、その土地で使いやすい食材を上手に活用すればよいのです。日本には季節もありますから、旬の食材を上手に活用するのもよいでしょう。準備（調理）するのがあまりに難しい食材をあえて選ぶ必要もありません。

この視点から考えますと、従来の離乳食で使われる食材や調理法は非常に優れていると

私は思います。補完食として使うことももちろん可能です。どんどん活用してください。

一方で、どうしても従来の離乳食では、エネルギーや栄養素のギャップを埋める部分が弱点になります。特に**初期の鉄や亜鉛不足を考えますと、早めの肉や魚の摂取が重要**になってきます。こちらについては従来の離乳食のレシピでは補えませんので、この本を参考にしていただけたらと思います。

注意してほしい食材のポイント

さて、補完食では、食材の細かい決まりはありませんが、注意してほしい食材がいくつかあります。前の項目で書いた「衛生的で安全」の項目を細かくみてみましょう。(4)

- 病原体が無い（たとえば、病原微生物や、他の有害な生物）
- 有害な化学薬品（化学物質）や毒素が無い
- 子供が喉を詰まらせるような骨や硬い小片が無い
- 沸騰するほどの熱さではない

●病原体が無い

病原体というのは、病気を引き起こすウイルスや細菌、真菌などの微生物を指します（場合によっては寄生虫を指すこともあります）。補完食に使う食材にも、様々な病原体がいますので、適切に調理することが必要です。

●有害な化学薬品（化学物質）や毒素が無い

有害な化学物質としては、重金属やかび毒、残留農薬等があります。[107] ここでは補完食を準備する際に注意が必要なヒスタミンと、天然毒素としてソラニンの話を次のページで表にしています。

●子供が喉を詰まらせるような骨や硬い小片が無い

赤ちゃんは歯が生えそろっていないため、歯で細かく噛み切ったり臼歯で噛みつぶしたりすることができません。補完食で利用する場合は、皮を剥く、細かく刻む、柔らかく煮る、つぶす、ピューレにするといった工夫が必要になります。特に硬い豆やナッツ類は、丸ごと食べさせると窒息の危険がありますので注意が必要です。

注意してほしい食材

理由	食材	注意するポイント
病原体がある	生肉・加熱が不十分な肉(41)(42)	動物の肉やレバーにはカンピロバクターやサルモネラ菌、腸管出血性大腸菌（O−157など）、E型肝炎ウイルスなど様々な病原体が存在します。 中心部までしっかり加熱することが重要になります。また、生の肉を触った調理器具で、直接食べる食材を扱わないように注意しましょう（生肉を触った箸で焼いたお肉をつかんだり、生肉を切った包丁やまな板でトマトを切ってそのまま食べたりしない）。
	生卵(41)(43)	生の卵は、サルモネラ菌によって汚染されていることがあります。 鶏の糞によって汚染されて卵の表面に付着している場合と、鶏の体内で卵の中に侵入している場合があります。 卵を補完食に使用する場合は、食物アレルギーの観点からも、しっかり加熱するようにしてください。
	生魚・生の二枚貝(41)	生魚も注意が必要です。腸炎ビブリオなど食中毒を起こす菌の他、アニサキスという寄生虫もいる場合があります。 日本には刺身や寿司といった生魚を食べる食文化があり、特に何歳からという決まりはありませんが、補完食（離乳食）をあげる期間は加熱してあげる方がベターと私は考えます。 また、カキなどの二枚貝に関してはノロウイルスのリスクがありますので、必ず加熱をしてあげましょう。
	野菜・果物(41)(42)	野菜や果物にも食中毒を起こす病原体が付着していることがあります。 生野菜が原因で起きたO−157の食中毒の事例もあります。 必ずしも加熱する必要はありませんが、調理する時にはしっかりと洗い、皮を剥いて使いましょう。 形が複雑で洗うのが難しい野菜（ブロッコリーやカリフラワーなど）は、加熱することをお勧めします。
	はちみつ	**1歳未満の赤ちゃんには、はちみつを与えてはいけません。** はちみつの中には、ボツリヌス菌という菌の芽胞が含まれていることがあります。このボツリヌス菌の芽胞は熱に強く、普通に煮たり焼いたりと調理することでは死滅させることはできません。
その他	牛乳	WHOの新ガイドラインでは生後6ヶ月以降であれば牛乳を飲用に使ってもよいとされていますが、牛乳には鉄があまり含まれていないため、特別な理由がなければ、1歳未満で大量に飲むことはお勧めしません（補完食を作る材料として使う程度の量では問題ありません）。(2)(51)

理由	食材	注意するポイント
有害な化学薬品（化学物質）や毒素がある	魚（保管状態の悪いもの）(41)	ヒスチジンという物質が、ヒスタミン産生菌の酵素の作用によってヒスタミンに変換されることがあります。ヒスタミンを多く含む食品を食べると、アレルギーに似た症状を引き起こします。 「鯖を食べたら蕁麻疹が出た」という方が時々いらっしゃいますが、鯖のアレルギーではなく、このヒスタミンによる中毒である可能性もあります。 ヒスタミンになってしまうと、加熱しても分解されません。鮮度のよい魚を使いましょう。
	じゃがいもの芽・緑色になったじゃがいも(41)	（ご存知の方も多いかと思いますが、じゃがいもは離乳食でよく使われますので、解説させてください。） 「じゃがいもの芽には毒がある」ということは、学校で習った記憶のある方もいらっしゃるかと思います。じゃがいもの芽と付け根の部分にはソラニンと呼ばれるステロイドアルカロイド配糖体が含まれ、食中毒の原因となります。 じゃがいもの芽だけでなく、日光に当たることで緑色になった部分にもソラニンは生成されています。 また、小さすぎるじゃがいもにも多く含まれていることがあります。調理の際には、小さいじゃがいもは避け、芽を取り除き、緑の部分は分厚く皮を剥くなどしてお気をつけください。
子供が喉を詰まらせるような骨や硬い小片がある	丸いもの・硬いもの	ミニトマトやぶどう、飴、豆やナッツ類といった、ある程度の大きさがあって丸くて硬いものは上手に噛みつぶすことができず、つるりと喉の奥に入って、喉や気管に詰まってしまうことがあります。
	噛みきれないもの	こんにゃくゼリー(49)(50)や餅といった噛み切りにくいものも危険です。
	ピーナッツ	ピーナッツに関しては、吸い込んで気管の奥に入ってしまうと、もろく崩れてしまって内視鏡でも取り出すことが難しく、ひどい炎症を起こしてしまうことがあります。 ピーナッツを与えるのは乳歯が生えそろう3歳以降にするよう、日本小児呼吸器学会は推奨しています。(48) ピーナッツを補完食に使うのであれば、ぜひ、粒のないピーナッツバターや、細かい粉末のものを使用してください。

不健康な食品について

ＷＨＯの新ガイドラインでは、不健康な食品についての推奨事項が加わっています。

・砂糖、塩分、トランス脂肪酸を多く含む食品は摂取すべきではない
・砂糖入り飲料は摂取すべきではない
・非糖質系甘味料は摂取すべきではない
・１００％果汁の摂取は制限すべきである

砂糖、塩分、トランス脂肪酸を多く含む食品は、エネルギーはたくさんありますが、他の栄養に乏しいです。こういった食品を食べると、それでお腹いっぱいになって他の食品を食べられなくなってしまい、特に1歳未満は鉄や亜鉛などのギャップが大きくなり、低栄養につながります。また、このような食品や砂糖入りの飲料は、将来的な肥満や虫歯につながる可能性が指摘されています。

あくまでも「多く含む食品」であり、砂糖や塩分の入ったものを一切摂るな、というこ

とではありません。ただ、こういった食品はお子さんが好みやすい味付けですし、つい準備も楽で……と使いがちになりますので、気をつけた方がいいんだなということを知っておいていただけたら、と思います。

非糖質系甘味料については、WHOが補完食とは別にガイドライン[115]を発表しています。非糖質系甘味料は一般的にエネルギーも少なく肥満などに効きそうな印象ですが、長期的な体重コントロールには効果がなく、逆に長期間の使用は2型糖尿病、心血管疾患、成人の死亡率のリスクの増加の可能性が指摘されています。補完食のガイドラインでは、早い段階で非糖質系甘味料を摂取していると、大きくなってから甘いものを好むようになる可能性を指摘しています。

100%果汁のジュースについては、もちろんビタミンなどを含みますが、遊離糖が多く、丸ごと果物を食べることと比較するとメリットがありません。肥満につながる証拠もありませんが、摂取量は制限することをWHOは推奨しています。(100%ジュースについては189ページ参照)補完食はかなり自由ではありますが、こういった、安全ではない食品、不健康な食品については注意が必要になってきます。

食材の注意点②　食物アレルギーの話

【要約】アレルギーを心配して特定の食材の開始を遅らせることは推奨されていません。食べさせるからアレルギーになるのではなく、すでにアレルギーだから（感作《かんさ》されているから）、食べさせると症状が出るのです。

アレルギーの観点からみると理想は1日1品ずつ進めること。難しいようであれば、アレルギーを起こしやすい食品だけでも注意深く進めてみてください。食事前には口周りにワセリンを塗るとよいでしょう。自分で判断できない症状が出たら受診しましょう。

経《けい》皮《ひ》感《かん》作《さ》の話

離乳食や補完食を始める上で、多くの方が不安に思うのは、赤ちゃんに食物アレルギーがあったらどうしよう、ということではないでしょうか。そこで、補完食の作り方について具体的にお話しする前に、アレルギーについても少し触れておきましょう。

赤ちゃんが初めて食べたもので蕁麻疹《じんましん》が出た……そんな時、「今食べさせたから食物アレルギーになった」と感じるかもしれませんが、実はそうではありません。すでに、その食べ物に対してアレルギーがあったから、その食べ物を食べて症状が出たにすぎないのです。

ここから免疫とアレルギーの話を簡単にします。

人体には、「自分ではないもの（抗原）」が体の中に入って来ると、「これは敵だ！」と体を守ろう、自分ではないものを排除しようという働きがあります。例えば怪我をして細菌なんかが傷口から入ってくると、この働きによって細菌をやっつけてしまうのですね。この「自分ではないもの」を見分けたり、やっつけたりする反応を免疫（免疫応答）といいます。

では、食べ物はどうでしょうか。

食べ物も「自分ではないもの」ですね。しかし人体はよくできています。口から入ってきた食べ物は、「これはどうも悪いやつじゃないな」「よし、こいつが入ってきても、敵と思わなくて大丈夫だぞ」と必要のない免疫応答を起こさないようになっているのです。これを**経口《けいこう》免疫《めんえき》寛容《かんよう》**といいます。

では、どうして食物アレルギーが起こるのでしょうか。

経口免疫寛容とは別ルートで食べ物（抗原、特にアレルギーを起こす抗原をアレルゲンといいます）が入って来ると、体が「これは敵だ！」と勘違いしてしまうことがあります。

今注目されているのが、皮膚から抗原が入って来ることで起こる**「経皮感作」**というものです[108]。

健康な皮膚にはバリア機能という働きがあって、本来抗原は入ってこないようになっています。しかし、アトピー性皮膚炎などの湿疹があって皮膚のバリア機能が壊れていると、皮膚を通して抗原が入り込んでしまうことがあります。すると体が「こいつは敵だ！」と反応を起こし、その抗原を敵と覚えてしまうのです。

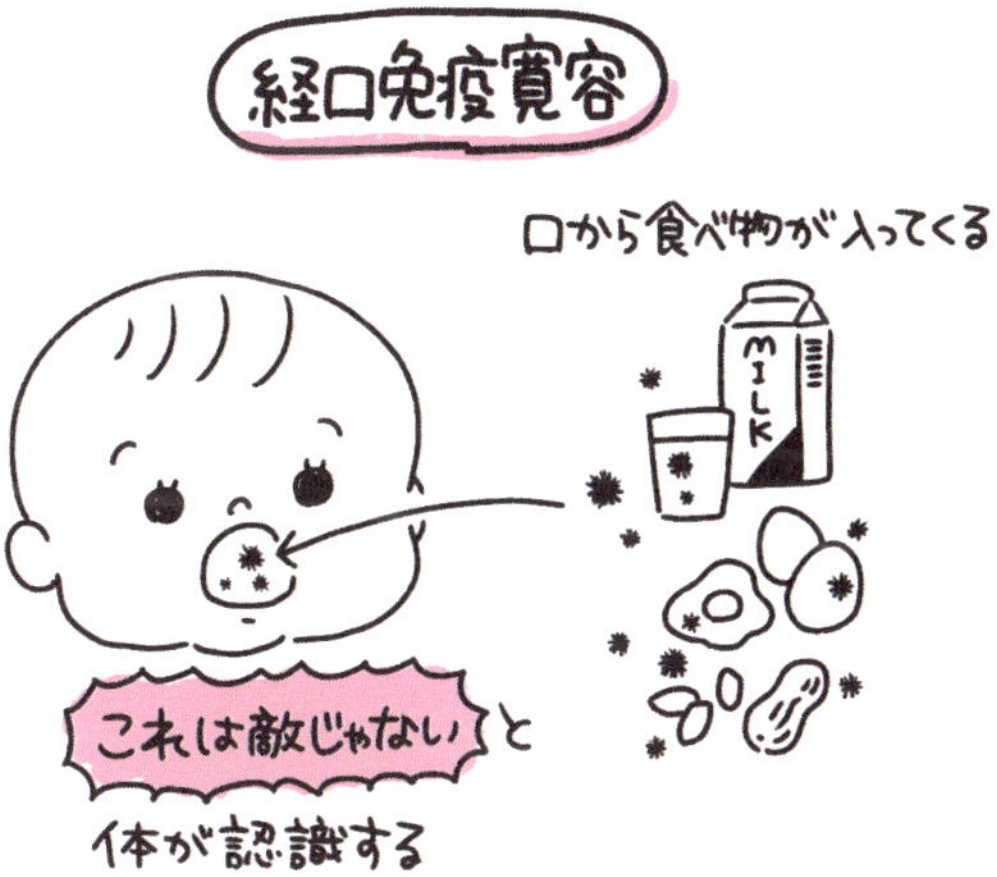

経口免疫寛容
口から食べ物が入ってくる
MILK
これは敵じゃない と
体が認識する

経皮感作
弱った皮ふから食べ物が入ってくる
MILK
これは敵だ! と
体が認識する

そうすると、冒頭のように、初めてその食べ物を食べた時に「あっ、こいつは前に入ってきた敵だな！　やっつけろ！」と体がその食べ物を排除しようとして、蕁麻疹など様々な症状を起こしてしまうのです。

全ての食物アレルギーがこの経皮感作で起こるというわけではなく、湿疹がある人全員が食物アレルギーになるわけではありません。

しかし、**アトピー性皮膚炎、乳児湿疹がひどかった子や、特に今現在皮膚の状態がよくない子は、補完食開始前に主治医（できればアレルギーを専門にした先生）に、補完食の進め方や湿疹のコントロールの相談をしておくことをお勧めします。**

ではどうすれば食物アレルギーを「予防」できるか。これは大変難しい問題になります。

母親の食事について気にされることも多いですが、妊娠中・授乳中のアレルゲンとなる食物の除去は推奨されておりません。[88]むしろ必要な栄養を摂取できず、健康を害することがあります。食事制限をするのはやめましょう。

補完食（離乳食）の開始時期を気にする方も多いかもしれません。食物アレルギーを心配して遅らせる方もいますが、食物アレルギーの発症を予防できるというエビデンスはありません。逆に、ピーナッツや卵については、少なくとも湿疹があるなどリスクが高い場合はむしろ早く摂取を開始する方が食物アレルギーを発症しにくい、という研究結果が出ています（ＬＥＡＰスタディ[62]、ＰＥＴＩＴスタディ[80]）。

かといって、早すぎる離乳食の開始についても様々な検討がされていますが、安全性と有効性からははっきりとした答えは出ていません。

日本小児アレルギー学会食物アレルギー委員会が作成している「食物アレルギー診療ガイドライン２０２１」では、離乳食の開始時期について〝「授乳・離乳の支援ガイド（２０１９年改訂版）」では生後５～６か月ごろが適当であるとし、これより早めたり遅らせたりすることは推奨されていない。[88]〟とコメントしています。

つまり、**補完食の開始は早くしすぎず、遅らせず、厚生労働省の「授乳・離乳の支援ガイド」に書いてあるくらいのタイミングで食べさせていく、でよい**ということですね。

1日1品午前中に与えるアレルギーチェックは現実的か

よく離乳食の本にも書かれている「**新しい食材を試す場合は1日1品1さじから、病院の開いている平日の午前中に与えましょう**」の言葉、いかがでしょうか。なんでだろう、難しいなと感じた方もいらっしゃるのではないでしょうか。

はっきり言いまして、**これが一番の理想**です。できる限りそうしてほしいです。なぜなら、食物アレルギーの反応が出るのは、食べた直後～数時間かかることもあり、休日や午後遅い時間に新しい食材を試すと、症状が出た時には病院が閉まっていて、対応が十分にできないことがあるからです。

また、1品ずつ試すというのは、複数混ざった状態で食べさせて症状が出た場合、一体なんの食材が原因かわからない、という事態を避けるためです。

しかし、現実には平日は働いていて新しい食材を試すことが難しかったり、保育園の給食のために食材チェックを限られた時間でしなくてはいけないこともあります。その場合はどうしたらいいのでしょうか。

「もしも」を考えますとはっきりとした答えは言いにくいのですが、限られた**「病院が開いている平日（土曜）の午前中」は、食物アレルギーが起こりやすい食材を試すことを優先**するとよいかもしれません。

２０２３年に行われた全国調査[89]で、〝食物を摂取後60分以内に何らかの反応を認め、医療機関を受診した患者〟の割合を見てみますと、０歳の赤ちゃんに多いのは、**鶏卵、牛乳、小麦**の三つで約96％を占め、特に鶏卵はその６割以上を占めています。ですので、この三つの食材は特に慎重に（開始を遅くしろという意味ではなく、注意深く、という意味です）進めてみてはいかがでしょうか。

それ以外では、特定原材料８品目（食品の原材料のところに表示されているのでご存知の方もいらっしゃるかもしれません）である、**卵・乳・小麦・そば・落花生（ピーナッツ）・えび・かに・くるみ**。それからショック発生頻度が高く、近年患者数も増えている[89]**木の実類**（特定原材料のくるみ以外では、カシューナッツ、マカダミアナッツ、アーモンド、ピスタチオなど）もできれば慎重に進めてほしい食材になります。

ただし、繰り返しますが**アトピー性皮膚炎のあるお子さんは、ないお子さんと比べて食物アレルギーを起こすリスクが高いので、前述の食品を含め、個別の進め方について医師**

とご相談ください。

どこまで食べさせたら「この食べ物は大丈夫」って言えるの？

多くの方が悩むのが「一体何さじ食べられたら大丈夫って言えるの？」ということではないかと思います。本によって書いてあることもまちまちですが、「最初は小さじ1からスタートして、徐々に増やして」というようなことが書かれていることが多い印象です。なぜ、アレルギーチェックをするか。目的は**「今、1回の食事で食べる量を食べても症状が出ない」ことを確認する**ことだと思います。

例えば、ゆで卵を一度に50個食べられるか、チェックする必要はあるでしょうか？　答えは、NOですね。もしゆで卵50個でアレルギーの症状が出る体質であったとしても、ゆで卵5個を無症状で食べられれば日常生活で困ることはまずないでしょう。

1歳前であれば卵黄なら1個分、全卵でも半分～せいぜい1個食べられたら、栄養の面を考えても十分ではないでしょうか。

「この食材は、この調理法ではこのくらいの量食べても症状が出ない」ということが確認できれば、その食材を補完食で活用しやすくなります。

では、どうやってチェックしていくか。

まず原則として、**食物アレルギーは、アレルゲンとなる食品を多く食べた時の方が、少なく食べた時よりも強い症状が出ます。**逆に、食物アレルギーがあったとしても、ごく微量であれば症状が出ないこともあります。

ですので、できるだけ**少ない量からスタートしていき、症状が出なければ量を増やしていきます。**少しずつ増やせば、軽い症状が出た時点で気づくことができます。そして、ある程度食べることができれば、そこから先は（とんでもない量を食べたりしない限り）おそらく大丈夫、という判断ができると思います。

問題は、1・最初の量、2・増やし方、3・「ある程度」の量だと思います。

ここからは答えがない話になりますので、あくまでも私がやったやり方、もしくは私がやるとしたら……ということで読んでいただけると幸いです。このやり方がベストではありませんし、このやり方に従ったら症状が出ないというわけではありません。

アレルギーを起こしにくい米や野菜、肉などに関しては、一般的な離乳食の本に書かれているように小さじ1杯からスタートして、1杯ずつ増やし、小さじ2〜3杯も食べられれば十分だと思います。心配であれば、フィーディングスプーン（赤ちゃんに食べさせるさじ）1杯からスタートでもよいでしょう。

アレルギーが心配な食材に関しては小さじ1杯よりももっと少ない量からスタートし、できれば数日同じ量で症状が出ないことを確認してから、その倍量程度をまた食べさせる、という風に増やしていきます。調理法が変わると抗原性も変わりますので、少量のうちは同じもの（例えば小麦はそうめん、卵はゆで卵、乳は粉ミルク、など）で増やしてみてはいかがでしょうか。

一番心配な卵は180ページの「卵の進め方の一例」に例をあげていますので参考にしてください。

口の周りが赤くなったらアレルギー？

「初めての食材を食べさせたら、口の周りがなんだか赤い……これってアレルギー？」

と心配になる方もいると思います。確かに食物アレルギーで口の周りが赤くなることもあるのですが、口の周りや顔に赤みがあるだけで他に症状（食べ物がつかない部分にも赤みやブツブツが出た、まぶたが腫れた、吐いた、咳き込んだなど）がないのであれば、食べ物がついた刺激で赤くなっているだけかもしれません。

一番やってほしくないのは「心配だから、念のため食べさせるのをやめておこう……」と除去してしまうことなのです（理由は後述します）。

よくわからなければ、医療機関を受診して相談するのが無難です。

受診して指示があればその指示に従ってください。具体的な指示がなく、「少量食べさせて様子をみて」というようなことを言われた時は、まずは食べものがついた刺激を減らすために、食事の前にワセリン（プロペトも同じものです）を口周り、顔に塗ってあげてみてください。そして、赤みが出た時より少量（半分程度）を与えて、また赤くならないか、他の症状が出ないか様子をみましょう。症状が出なければ、そのまま少しずつ増量してみてください。

また、特に赤みが出たことがなくても、前もって食事前にワセリンを塗ることをお勧めします。赤ちゃんは食べるのが上手ではないので、どうしても顔に食べ物がつきます。食べ物がつけば肌荒れの元にもなります。経皮感作の機会を減らす意味でも、食前のワセリン、試してみませんか?

どんな時に受診が必要?

食物アレルギーの症状は、原因の食べ物を食べてから数分〜数時間のうちに、皮膚症状（赤くなる、痒くなる、ぶつぶつが出るなど）、粘膜症状（まぶたや唇がむくむ、鼻水が出る、舌に違和感が出るなど）、呼吸器症状（苦しい、咳が出る、ぜいぜい、息ができない）、消化器症状（吐く、下痢をするなど）、神経症状（機嫌が悪くなる、意識を失う）、循環器症状（手足が冷たくなる、顔などが白くなる、意識を失

う）といった症状が起きます。[88]

多くは皮膚・粘膜症状が起きます。それに加えて他の呼吸器や循環器の症状が出ると「アナフィラキシー」といい、さらに血圧低下や意識障害が起きた場合を「アナフィラキシーショック」といいます。**アナフィラキシーショックは命に関わります。**

受診の目安ですが、**「自分で判断できない症状が出たら受診」**でよいのではないでしょうか。

例えば「少し口の周りが赤くなって、ぶつぶつが出たけど、1時間くらいで治った。食物アレルギー？　なんだろう……」といった場合は受診して、いつ、なにを、どのくらい食べたか、食べてどのくらいでどんな症状が出たかなどを伝え、その後の相談をしましょう。

皮膚に出る発疹は時間が経つと消えてしまうこともあるので、スマホで写真に撮ると説明の時に便利です（写真があれば、皮疹が出た時間もわかりますし、皮疹の場所や症状、広がり具合もわかります。でも余裕がなければ無理はしないで）。

加えて、**「苦しそうな咳をする、息が苦しそう、息をするとヒューヒューゼイゼイとい**

った音がする」「唇やまぶたが腫れてきた」「顔色が悪い、青白い」「意識がはっきりしない、ぐったりしている」という症状があれば、即受診です、迷わず救急車を呼んでください。一刻を争います。

食物アレルギーであったとしても、現在は「必要最低限の除去」つまり「安全に食べられる範囲であれば食べる」が食事指導の原則となっています。[88] やみくもに除去するのではなく、むしろ症状なく安全に食べられる範囲で食べ続けることで、食べられる量を増やしていくという治療があるくらいです（ただし、専門の医師の指導の下で行ってください）。

もし自分で判断して、本来除去しなくてもよい食べ物を除去してしまうと、「その食べ物から得られる栄養が得られなくなる」「食事の幅が狭まる」「除去したために感作が進んで本当に食べられなくなってしまう」などのデメリットが生じる可能性があります。「アレルギーかどうかわからない」時には、まず受診して相談してください。信頼できるかかりつけ医でもよいですが、可能であれば、アレルギーを専門にした小児科にかかることをお勧めします。

補完食向きな食材の調理法

【要約】米・小麦・オートミールなどの主食だけでなく、動物性食品（肉、魚、卵など）、野菜・果物、豆類、種実類（ナッツ・種子）、を食べ、エネルギーだけでなくその他のギャップも埋めましょう。

補完食は自分が使いやすい食材で

ここからはＷＨＯの「補完食」を基本に、日本で補完食を作る方法を考えていきます。ただし、これは私が実際に作ったやり方、やりやすいと思う方法になります。

参考程度にしながら、それぞれのご家庭で手に入れやすい食材、やりやすい調理法を考えてもらえたらと思います。

家庭で調理する方法をメインで書いていきますが、ベビーフードを活用する方も多いと思います。ベビーフードを補完食として使う時のコツや注意点も述べたいと思います。

食べさせる目安として、初期・中期・後期・完了期である程度区別して記載していますが、必ずしもその時期でなければ食べてはならないという意味ではありません。あくまでも目安として、参考にしていただければ幸いです。

主食となる食材

主食は主に炭水化物でできていて、エネルギー源となります。[7]

日本で最も使われる主食は、米ですね。米以外にも、小麦で作ったパンやうどんなどもよく使われます。準備が手軽なオートミールもお勧めです。

ＷＨＯの「補完食」の中には様々な食材が紹介されていますが、無理にそれを使う必要はありません。各々のご家庭で、手に入れやすい&調理しやすい食材を使いましょう。

本書では、米の調理法とオートミールの調理法、および小麦の注意点をご紹介します。

・米↓145ページ
・オートミール↓152ページ
・小麦↓155ページ

主食以外の食材

主食（米や小麦など）は貴重なエネルギー源ですが、残念ながら主食のみでは栄養素が足りません。主食ばかり増やすと鉄・亜鉛・ビタミンB12などのギャップが大きくなってしまいます。様々な栄養素を補うためには、主食と一緒にいろいろな食材を食べる必要があります。WHOの新ガイドラインでは、推奨事項として「食の多様性」をあげ、その内容として次のような食品をあげています。

・肉・魚・卵などの動物性食品↓163ページ
・野菜・果物↓184ページ
・豆類、種実類（ナッツ、種子）↓157ページ

味付けは薄味が基本

注意していただきたいのは、味付けは**薄味が基本**ということです。基本的には味を加える必要はありません。[10] 体に必要な塩分は、母乳やミルク、食材自体からも十分に得ることができます。

とはいえ、日本の食文化との兼ね合いもあります。離乳食のレシピにも、醤油や味噌など塩分を含むものを使うものもあるでしょう。家族のものを取り分けることもあると思います。

日本食は基本的に塩分が少々濃すぎます。お子さんが赤ちゃんじゃなくなっても、そして大人にとっても、どんな時でも「薄味」が基本と覚えていてください。味付けで悩んだ時は、市販のベビーフードを味見してみてもいいでしょう。味をつけても**ベビーフードの濃さまで**、と考えるとわかりやすいと思います。

「日本の食事摂取基準（2025年版）」[18] では、乳児のナトリウム摂取の目安量として1日食塩換算で1・5gとしています。参考にしてください。

主食① 米

〈米〉の調理法

日本の補完食であれば、主食として使われるのは「米」でしょう。水分をある程度含む「お粥」の形に調理してあげると食べやすくなります。

第1章などで説明した通り、最初は十倍粥から試してみてもかまいません。エネルギーを補完することを考えると、離乳食初期のうちに五倍粥を目指すとよいでしょう。

十倍粥、五倍粥ってなに？　全粥や五分粥と違うの？

ところで、離乳食のレシピで十倍粥や五倍粥という言葉が登場しますが、炊飯器についている「お粥」モードに書かれているのは「全粥」「五分粥」といった表記であることが多いと思います。これはなんでしょうか？

全粥、五分粥というのは炊き上げた直後の重湯と粥飯の割合（全粥は重湯がなく、全部粥飯。五分粥は重湯：粥飯が5：5、3分粥は7：3）によってつけられた名称です。[52][53]

十倍、五倍というのは、米に対して加える水の量（米1カップに対して5カップで炊けば五倍粥、10カップで炊けば十倍粥）で、実際に炊き上がりの重量（g）は炊く前の米の重量（g）に対して五倍、十倍になります。言葉の定義は違いますが、**全粥＝五倍粥、五分粥＝十倍粥**になりますので、作るときの参考にしてください。

次のページの表にお粥についてまとめました。エネルギー密度kcal／gを見ると、水の量が少なくなればなるほど、「濃い」お粥になることがわかります。（赤ちゃんが食べることができるかどうかは別として）同じエネルギーの補完食を与えようと思った場合、五倍粥を与えれば、十倍粥の半分の量でよいことになります。軟飯になれば、更にその半分の量でよいわけです。

赤ちゃんにも好みがあります。**もし五倍粥よりも柔らかいお粥でないと食べてくれない場合は、粉ミルクや母乳を加えることでエネルギーを増やすこともできます。**

お粥の水加減とエネルギー密度

水の量少ない
＝
濃いお粥

水の量多い
＝
薄いお粥

	米	水	出来上がり量	kcal／g
ご飯	1	1.4	2.1	1.68
2倍粥（軟飯）	1	2	2.5	1.43
3倍粥（軟飯）	1	3	3.5	1.02
4倍粥	1	4	4	0.90
5倍粥（全粥）	1	5	5	0.71
6倍粥	1	6	6	0.60
7倍粥	1	7	7	0.51
8倍粥	1	8	8	0.45
9倍粥	1	9	9	0.40
10倍粥（5分粥）	1	10	10	0.36

※ *kcal／gはご飯、全粥、五分粥は日本食品標準成分表2015年版（七訂）(54)を元に作成。その他は推定値。

※軟飯の出来上がり量は(55)を元に作成。

お粥の作り方

お粥は米から炊く「**炊き粥**」と、すでに炊き上がったご飯に水を足して作る「**入れ粥**」があります。

●米から作る場合（炊き粥）

生の米から作るのが炊き粥です。**炊飯器の「お粥」モードが一番簡単**だと思います。

お米の量と水分量は147ページの「お粥の水加減とエネルギー密度」の表で示した通りになります。結構たくさんできますが、開始直後は食べるのは1さじ2さじ……という量ですので、作ったものは製氷皿に入れて**冷凍保存**しておくと便利です。

また、湯のみやマグカップなどの深さのある容器に、研いだ米と水を入れ、大人のご飯を炊くときに炊飯器の中央に入れれば、少量を大人のご飯と同時に炊くこともできます。

もし初期で五倍粥を作ったけれども、うちの赤ちゃんには硬くて食べられないみたい……という時は、**五倍粥に水を少量足してレンジで加熱&ラップをしたまま蒸らせば、薄い粥にすることが可能**です。

●ご飯から作る場合（入れ粥）

すでに炊き上がったご飯から作るのは入れ粥と言います。入れ粥は家にある鍋やレンジで作れます。五倍粥ならご飯とその倍量の水で作れます。[57] 鍋で作ると時間はかかりますが、米から炊いたのと同じようなお粥を作ることができます。[56] レンジでお粥を作る場合は、深めのお皿にご飯と水を入れ、5分加熱後に15分蒸らすことで作成可能です。毎回作るのであれば市販されている離乳食用のお粥クッカーを使用すると楽かもしれません。

●ベビーフードのお粥の素を使う場合

ベビーフードのお粥の素は粉末状で、お湯を注いで蒸らすだけで作成可能であり、つぶす手間が省けるので、初期の少量のお粥を作る際に便利です。また、粉の状態の時に粉ミルクを加えてお湯を注げば、簡単にミルク粥を作成することができます。

五倍粥相当になる水加減は「後期から」の記載になっているようです。赤ちゃんの様子を見ながら調節してください。（一般的な「米粉」は生米を粉にしたもので、お粥の素のように加熱処理[58]されていないため、お湯を注ぐだけではお粥にはなりません）

補完食レシピ

炊飯器で米から作る5倍粥

■材料（出来上がり量　約500g）

米 ・・・・・・・・・・・・・1／2カップ　　水 ・・・・・・・・・・・・・500㎖

■作り方

1. 米を研ぎ、水気を軽くきる
2. 水を加え、炊飯器の「お粥」モードで炊飯する
3. 炊き上がったお粥を、ハンドブレンダーなどでガーッとつぶす
4. 1食分になるように容器に入れ、冷凍保存する

補完食レシピ

鍋でご飯から作る5倍粥(87)

■材料（出来上がり量　約250g）

ご飯 ・・・・・・・・・・・・100g　　水 ・・・・・・・・・・・・・200㎖

■作り方

1. ご飯と水を片手鍋に入れてコンロで加熱する
2. 沸騰したら弱火にし、20分煮込む
3. 火を止め、5分～蒸らす
4. できあがったお粥を、ハンドブレンダーなどでガーッとつぶす

時期別のお米の食べさせ方

● 初期

初期のうちは粒があると食べにくいため、つぶし粥にするとよいでしょう（5倍粥の硬さの場合、裏ごしは困難です）。少量であればすり鉢とすりこぎで丁寧につぶしてもかまいませんが、1週間分を一度に炊飯器で炊き、ブレンダーでまとめてつぶしてしまうと手間が省けます。

硬すぎる場合はお湯やミルクでのばしてください。

● 中期

初期に5倍粥を食べられているのであれば継続してください。もし柔らかめのお粥をあげている場合は、5倍粥を目指してみましょう。

中期になると、5倍粥であればつぶさずに食べられるようになってきます。様子を見ながら試してみましょう（つぶした方が食べるようであれば、もちろんつぶしてもかまいません）。

● 後期・完了期

徐々に水分を減らして、軟飯や普通のご飯にしていきましょう。ご飯粒がばらけてうまく飲み込めないようであれば、あんかけにしてみたり、少しつぶしてまとまりやすくしたりしてもいいですし、一旦食べやすい柔らかさに戻してもかまいません。

手づかみ食べをする場合は、スティック状のおにぎりにしたり、手にベタつかないようにフライパンで焼きおにぎりにしてあげたり、具を混ぜておやきにすると食べやすいです。

主食②　オートミール

〈オートミール〉の調理法

オートミールはえん麦（オーツ麦）を蒸してローラーでのしたものです。[59]
オートミールは鉄が１００g中３・９㎎含まれており[54]、また、食物繊維も９・４g含まれるなどの特徴を持ちます。（ただし、ＷＨＯの「補完食」[3]では、フィチン酸の影響があり主食はあまり鉄の供給源には向かないとされています）

オートミールは、水やミルクで煮ることで粥状にできます（ポリッジと呼びます）。私が小さい頃は離乳食の定番だったように記憶していますが、最近は使う方が少ないかもしれません。

お米のお粥と同様に野菜や果物を混ぜてもいいですし、なにより手軽に作れるので、よかったらお試しください（味は麦のお粥といった感じで、素朴で美味しいですよ）。

補完食レシピ

レンジで作るポリッジ

■材料（出来上がり量　約60g）

オートミール・・・・・・・・10g　　　水・・・・・・・・・・・・・50mℓ

■作り方

1. 茶碗などの耐熱容器にオートミールと水を入れ、軽くかき混ぜる
2. レンジで600Wで50秒ほどにセットし、中を見ながら加熱して、全体がぶわっと膨らんだら加熱を止める

■注意点

この水分量（オートミール：水＝1:5）で、エネルギー密度は約0.7kcal／g、母乳や5倍粥と同程度になります。5倍粥よりかなり硬いので、食べられないようであれば無理せず水の量を増やしましょう（1:6～1:10程度）。

補完食の「濃さ」が気になる場合は、ミルクなどを足してもよいですね。

時期別ポリッジの食べさせ方

● 初期

初期の頃は粒が大きいかもしれません。出来上がったものをブレンダーなどでつぶしてもいいですが、あらかじめオートミールをミルで粉にしておくと便利です。

水の代わりに、牛乳やミルク、豆乳、だしなどで作るとバリエーションができます。

● 中期

初期と同じオートミール：水=1:5程度の硬さでよいでしょう。モグモグするのにちょうどよい硬さなので、モグモグの練習にもなります。

● 後期・完了期

オートミール：水=1:3～4程度に減らします。（食べにくければ無理に減らさなくてもかまいません）

手づかみ食べをする場合は、1:2程度のものに野菜や卵を混ぜ、フライパンで焼けばおやきができます。

主食③

小麦

〈小麦〉の食べさせ方

小麦粉を使用した食品を使って補完食にすることもできます。日本では、うどんやそうめん、パンなどが使いやすいでしょう。

小麦を使った食事は従来の離乳食でもよく取り上げられているのでそちらも参考にしてください。

パンを使う場合の注意点

パンは牛乳などで煮て、パン粥にすることもできますし、大きくなってからは手づかみ食べにも使いやすい食品です。ただし、市販のパンを使う場合、注意点があります。

●食物アレルギー

例えば、市販のパンのほとんどは乳成分が含まれています。原材料名を見て、まだ試していない食材が入っていないか、注意しましょう。

●はちみつ

一部のパンには、はちみつが加えられています。前述しましたが、1歳未満の赤ちゃんには加熱したとしてもはちみつを食べさせてはいけません。はちみつが入っていないものを選びましょう。

●塩分

パンは実は塩分が多い食品です。6枚切りの食パンで、1枚あたり0・8gほど食塩を含みます。6~11ヶ月の赤ちゃんの食塩摂取の目安量は1日1・5g。3食に分けると、1食あたり0・5gです。6枚切りの食パンを半分食べると0・4g、他の食材にもナトリウムは含まれますので、簡単に目安量をオーバーしてしまうことになります。毎日毎食パンを使うと塩分を摂りすぎてしまう可能性がありますので、量を加減して使いましょう。

主食と共に食べたい食品①

豆類、種実類（ナッツ・種子）

〈豆類〉、〈種実類〉の中で取り入れやすいものは？

豆類、種実類はエネルギー、たんぱく質、必須脂肪酸、食物繊維のみならず、鉄や亜鉛、チアミンなどの微量栄養素も含む食品であることが新ガイドラインで書かれています。

ただしフィチン酸の影響もあり、若干鉄の供給源としては使いにくい食品です。とはいえ、乾燥豆を水戻しする際には、戻し汁を捨てるとフィチン酸を減少させることができますし、ビタミンCを含む食品と一緒に食べると鉄の吸収率を上げることもできます。[3]

日本でよく使われる豆類としては、大豆があげられますね。他にもグリーンピース、

えんどう豆、小豆など。大豆の加工品である豆腐や納豆、豆乳、きな粉なども使いやすい食材です。

種実類としてはゴマが比較的使われるでしょうか。様々なナッツ類がありますが、従来の離乳食では赤ちゃんに食べさせることは少ないかもしれません。うまく活用する方法として、ピーナッツバター（ピーナッツは豆類です）の話と、使う場合の注意点をあげていきますので、ナッツ類を使う場合の参考にしてください。

豆類、種実類の調理法

豆やナッツそのものを使う場合は、誤嚥の危険がありますので、

・柔らかく煮る
・皮を剥く
・つぶす（もしくは小さく切る）
・滑らかなペーストにする

といった工夫をするようにしてください。硬い豆は赤ちゃんが成長するまで食べさせないようにしましょう。ここでは、日本でよく使われる大豆の話をメインに解説します。(いくつか例を出しますが、それ以外を食べてはいけないという意味ではありません。各ご家庭で工夫してみてくださいね)

初期のオススメの食材と食べさせ方

食材	食べさせ方
豆腐	ブレンダーやすり鉢でつぶしたり、裏ごしします。豆腐は冷凍すると食感が悪くなるので、食べさせる時に調理しましょう。 慣れてきたら、つぶしただけで食べることができるようになります。 少量しか使いませんので、小分けのパックの他、生協などで販売されている急速冷凍した冷凍豆腐(61)も便利です。
きな粉	炒った大豆を粉にしたきな粉も補完食によい食材です。 ただし、粉状のものはむせますので、必ずペースト状にするか、水分のあるもの(お粥や野菜ペーストなど)に混ぜ込んであげると食べやすくなります。
豆乳	お粥やオートミール粥を作る時などに使うと便利。たんぱく質などを「補完」することができます。
ピーナッツバター	ピーナッツは脂肪分が多く、よいエネルギー源となります。 「ピーナッツを赤ちゃんにあげるの?」と驚かれる方もいるかもしれません。アメリカなど海外では、ピーナッツは食物アレルギーの代表格として知られています。LEAPスタディー(62)と言われる研究を元にして、ピーナッツアレルギーを予防するという目的で離乳食早期からピーナッツを食べさせるガイドライン(63)も作られています。 ピーナッツそのものを食べるのは誤嚥の危険があります。粒のないスムースタイプのピーナッツバターを活用してください。 ピーナッツを食事に活用することがないご家庭も多いと思います。ごま、特にねりごまを使うイメージで使ってみてください。 パンにつけたり、野菜ペーストに混ぜてごま和えのようにして食べたり、オートミールの風味づけに使ったり。少量混ぜることでエネルギー密度を上げることができますので、エネルギーの低いベビーフードの「補完」にも活用できます。

中期のオススメの食材と食べさせ方

食材	食べさせ方
豆腐	つぶすだけ、もしくはさいの目状にカットして食べさせます。中期の食べさせる硬さの目安は、ズバリ「豆腐」です。 舌を動かしてモグモグと食べるには、ある程度の大きさが必要になりますので、慣れてきたらつぶさずにカット、もしくは食べさせる時に、程よいサイズにすくってあげるとモグモグしやすくなります。
高野豆腐	高野豆腐をすりおろしてもいいですが、粉末状にしたものも販売されています。 高野豆腐ペーストにすると食べさせやすいでしょう。豆腐と比較して水分量を少なくできますので、少食さんにお勧めです。

補完食レシピ

高野豆腐ペースト

■材料（出来上がり量　15g）

粉豆腐 ・・・・・・・・・・5g　　水 ・・・・・・・・・・・・・10mℓ

■作り方

1. 粉豆腐と水をよく混ぜる
2. レンジ600Wで30秒〜1分加熱する

■注意点

食感がざらつくので中期以降の方が食べさせやすいと思います。水をだし汁に変えたり、とろみをつけてあんかけにしたり、たんぱく質が足りないベビーフードに加えて「補完」するのにも便利です。

後期・完了期のオススメの食材と食べさせ方

食材	食べさせ方
大豆の水煮	後期や完了期になっても、豆類はどうしても誤嚥のリスクがあります。豆類に関しては、無理に硬いものにステップアップせずに、ペースト状、粉末のものを引き続き活用してください。 どうしても豆そのものを使う場合は、柔らかく煮る、皮を剥く、切る、つぶすなどの工夫を。 枝豆のレシピも多く見られますが、細かく刻むとかえって口の中でまとまらず、吸い込んでしまうこともあります。ばらけないようにとろみをつけたり、おやきに混ぜ込むなど工夫しましょう。 大豆を料理に使う場合は水煮が便利です。皮を剥く場合は、ボウルに水を入れ、その中で手や菜箸、泡立て器で豆をつぶさない程度にかき混ぜると、ある程度皮が取れます。取れない分は指で取り除きましょう（少々面倒ですが……）。
ピーナッツバター	バター代わりに使ったり、ポテトサラダに混ぜたり、おやきに混ぜたりと活用できます。
高野豆腐	あまりたんぱく質を食べない子であれば、ホットケーキやおやきに粉豆腐を混ぜてみてはいかがでしょうか。

主食と共に食べたい食品②

動物性食品

動物性食品に含まれる栄養

肉、レバー、魚（貝、甲殻類を含む）、乳製品、卵。動物性食品としては、これらのものがあげられ、主要栄養素も微量栄養素も豊富に含んでおり、特に成長と発育に重要な高品質のたんぱく質を摂取できます。動物や魚の肉、内臓（レバー）は、吸収率のよいヘム鉄や亜鉛を多く含みます。乳製品や骨ごと食べる魚は、よいカルシウム源となります。

〈赤身肉〉の調理法

塊の赤身肉を使う場合は、必ず中心部まで十分に加熱するようにしましょう。脂が過剰なものでなければ調理しやすいひき肉を活用してもかまいません。

補完食レシピ

赤身肉のペースト

■材料（出来上がり量100g）

ひき肉・・・・・・・・・・・100g　　水・・・・・・・・・・・・・50mℓ

※ひき肉の脂肪は適度な脂であれば、エネルギー源にもなります。あまり脂が多いと、肝心のたんぱく質や鉄分が少なくなってしまいます。

■作り方

1. フライパンにひき肉と水を入れ、混ぜながら加熱する
2. 全体の色が変わり、水分が飛んだら火を止める（水分は残ってもかまいません）
3. ハンドブレンダーなどで十分にすりつぶす

■注意点

舌触りがざらつきますので、食べさせる時はお粥と混ぜたり、片栗粉などでとろみをつけると食べやすくなります。

水分が少なくてペーストにしにくい場合は、水を足してください。ただし、あまり水を足しすぎるとサラサラの「薄い」補完食になってしまいますので、必要最低限の量にしましょう。

赤身肉の食べさせ方

● 初期

初期はペースト状にすると食べやすいです。

● 中期

中期も初期のペーストでかまいません。ある程度成長すると、ひき肉であればブレンダーでつぶさずに食べることもできます。ただし、ひき肉は口の中でばらけて食べにくいので、とろみをつけてあげましょう。

● 後期・完了期

肉のペーストも引き続き食べることができますが、後期になると、柔らかいハンバーグ程度の硬さであれば食べることができるようになります。

前歯は生えているかもしれませんが、奥歯が生えそろっていないため、噛みつぶしたりすることはまだ上手ではありません。

薄切り肉を使う場合は、筋があると食べにくいため、食べやすいサイズに切りましょう。

大人の塊肉を取り分ける時は、ナイフやはさみで薄く削ぐと食べやすくなります。指でつまんで簡単につぶせるか、簡単にほぐれるか確認してみてください。後期はバナナの硬さ、完了期は肉団子の硬さが目安です。

〈レバー〉の調理法

レバーは色つやがよい、ドリップが少ないものが鮮度がよい目安になります。わからなければ、消費期限の長いものを選んでみてください。

レバーには臭みがあるので苦手な方も多いですが、調理法と鮮度でかなり臭みを軽減できます。

臭み抜きに流水や牛乳にさらす下処理を行う方法がありますが、鮮度が高いものでは食味に差が見られないという研究[64]もあります。

また、流水や牛乳に晒《さら》したり、煮ることで鉄が流出すること[64]、高温・短時間加熱で調理することでにおいが抑えられること[65]を考慮して調理してみてください。

レバーの食べさせ方

レバーは離乳食全期間において、ペーストにすると食べさせやすいです。下処理を行わず揚げ焼きにする方法で作る、レバーと野菜のペーストのレシピをご紹介します。

補完食レシピ

レバーと野菜のペースト

■材料(出来上がり量　約200g)

鶏レバー(豚・牛でも可)・・・・・・・・・・・・・・・・・・・・100g
たまねぎ、にんじん、さつまいも・・・・・・・・・・・・・・・・あわせて100g
片栗粉・・・・・・・・・・・・・・・・・・・・・・・・・・・・・適量
油・・・・・・・・・・・・・・・・・・・・・・・・・・・・・・・適量

※野菜はお好みで。たまねぎ、ねぎ、セロリなどの香味野菜があると臭みが軽減します。レバーと野菜は1:1程度で作ると美味しいですが、好みで加減してください。

■作り方

1. レバーとハツ(心臓)を切り分ける
2. レバーを薄くスライスする(火の通りを均一にするため)。血の塊は取り除く
3. 薄く片栗粉をまぶす
4. フライパンに油を多めにひき、中心まで火がしっかり通るように揚げ焼きにする
5. 野菜は適当な大きさに切り、柔らかくなるまでレンジにかける
6. レバーと野菜をブレンダーなどでしっかりとペースト状にする

■注意点

水や牛乳につけると鉄も幾分流れ出すので、このレシピでは行っていません。時間の経ったレバーの場合は牛乳によって食味が改善します(64)。臭みが気になるようであれば、牛乳に30分ほどさらしてみてください(牛乳アレルギーがある場合は避けてください)。

そのまま食べても美味しいです。バナナなどの果物と混ぜるのも意外に合います。ホワイトソースと和えたり、ベビーフードに加えたり、いろいろ工夫して食べさせてあげてください。

冷凍保存もできます。食べさせる時はしっかりレンジで加熱してください(加熱する段階で臭みを感じますが、食べさせる時には気にならない程度です)。

市販の鶏レバーは、レバー（肝臓）とハツ（心臓）が一緒になったものが売られています。触って柔らかい方がレバー、脂がついていて先の尖った少し硬い方がハツです。ハツも鉄などを豊富に含みますが、硬く歯ごたえがあり、ペーストにしにくいため無理に使わなくてもかまいません（中の血の塊を取り除いて、塩胡椒をふって一緒に揚げ焼きにすると、大人が美味しくいただけます）。

レバーは鉄や亜鉛を豊富に含みますので、ぜひ補完食に取り入れてほしい食材です。一方でビタミンAも多く含みますので、**食べさせすぎには注意が必要**になります。

また、ペースト以外の方法でも食べられます。

煮物などももちろん可能ですが、後期以降の手づかみ食べに、竜田揚げはいかがでしょうか。

他には、粉末に加工されたレバーも販売されています。調理の必要がないので大変手軽ですが、食べさせすぎにはご注意ください。

補完食レシピ

レバーの竜田揚げ

■材料

鶏レバー ・・・・・・・・適量
(豚・牛でも可)

片栗粉 ・・・・・・・・・適量

■作り方

1.レバーを薄くスライスし、血の塊、白っぽい部分(脂肪や筋)を取り除く

2.薄く片栗粉をまぶす

3.フライパンに油を多めにひき、中心まで火がしっかり通るように揚げ焼きにする

■注意点

先ほど紹介したペーストと同じ要領で作成します。筋があると食べにくいので、わかれば取ってください。

キッチンペーパーなどで油切りをすれば、手にもあまりベタつきません。程よく柔らかいので、前歯で噛み切ったり、噛みつぶすのも簡単です。

食事の度に一から調理するのは大変です。片栗粉をまぶしたものをフリーザーバッグに入れて冷凍しておくと、食べさせる時に解凍&揚げ焼きにするだけで食べさせることができます。中心部までしっかり火を通してくださいね。

〈魚〉の栄養

魚はよいたんぱく源であると同時に、種々のビタミンやミネラル、DHAやEPAといったn－3系脂肪酸などを含む食品です。(71)

補完食の視点では、赤身の魚（特に血合いの部分）は鉄、亜鉛、ビタミン等を豊富に含みます（あまりよいデータがないのですが、マグロの血合いを使った商品が成分分析をしており、(72)(73) 100g中鉄16・7mgとかなり多くの鉄を含みます）ので上手に使いましょう。

魚は「白身魚から」でないといけないのか？

ところで、従来の離乳食の本や「授乳・離乳の支援ガイド」(2)では「白身魚から」と書かれている魚ですが、その理由はなんでしょうか？

●食物アレルギーを起こしにくいから？

インターネット上では「白身魚は食物アレルギーを起こしにくい」と書かれているもの

がありますが、白身魚が特別アレルギーを起こしにくいというわけではありません。[66]

●食中毒を起こしにくいから？

赤身魚はヒスチジンというアミノ酸を多く含み、保存状態が悪いと、ヒスタミン産生菌がヒスチジンをヒスタミンに変換し（122ページの「注意してほしい食材」参照）、アレルギーと紛らわしい食中毒（アレルギー様食中毒）を起こすことがあります。[67] ただし白身魚もヒスチジンを含むため、絶対に起こさないというわけではありません。[68]

●魚の調理特性？[69][70]

赤身魚は白身魚より煮た時に硬くなりやすいため、初期に食べさせるなら白身魚の方が調理が楽かもしれません。一概には言えませんが、筋肉のたんぱく質組成の問題で、赤身魚は加熱すると固くなりやすく（例：鰹節）、白身魚は崩れやすい（例：桜でんぶ）傾向があります。そのため、初期は白身魚なら煮崩れたものに片栗粉を加えてとろみをつければ食べさせることは容易だけれど、赤身魚はそれよりも難しいから後回しにした方が……という先人の知恵なのかもしれません。

●脂質の量？

一般的に白身魚の方が赤身魚より脂質の含有量が低い傾向があります。[54] 厚生労働省のガイドを見ると、「脂肪の少ないものから」と繰り返し書かれているので、脂質の少ない白身魚を最初にしているのかもしれません。補完食の観点から考えますと、脂質はよいエネルギー源になります。極端に脂質の多い大トロなどは避けた方がいいと思いますが、脂質の量だけで赤身魚を避ける必要はないと考えます。

私の調べた範囲では「白身魚から」の理由は以上で、少なくとも初期に赤身魚を与えてはいけない理由は見つかりませんでした。

魚の調理法

白身魚からスタートしてももちろん構わないのですが、せっかく補完食の本ですので、鉄などの栄養素を多く含む赤身の魚を初期から食べる方法を解説します。

魚の食べさせ方

● 初期

初期では、十分に加熱したものをブレンダーでしっかりつぶして（もしくは手作業でつぶし、裏ごしをして）ペースト状にします。赤身魚でも、加熱時間をよほど長くしなければブレンダーでペーストにできます。ツナ缶でも大丈夫。ぱさついて食べにくい場合は、片栗粉でとろみをつけたり、お粥に混ぜると飲み込みやすいです。

● 中期

赤身魚は初期同様、ペーストの方が食べやすいです。白身魚やツナ缶はほぐしてつぶす、しらすは細かく刻んで荒くつぶす程度で食べることができます（飲み込みにくい場合は、片栗粉などでとろみをつけます）。

● 後期

ツナ缶ならそのまま、しらすなら小さいものはそのまま食べることができます。魚もそのまま、もしくは軽くほぐした状態で食べることができます（繊維が長い場合は適度に切りましょう）。家族の煮魚や焼き魚から身を取り分けたものを食べさせると手軽です。

魚を骨ごと食べる方法

ＷＨＯの「補完食」(3) では カルシウム源として「骨ごと食べられる魚（小魚、乾燥魚をすりつぶしたもの、缶詰の魚）」をあげています。

日本で簡単に手に入り、初期から使いやすいものは、いりこです。いりこをミルサーで粉末にするとよいでしょう。

ミルサーにかける時間が不十分だと、大きな粒が残ることがあります（うまく粉末にならなかった場合は、ふるいにかけて大きな粒は取り除いてください）。

いりこはできれば無塩のものを使います。お粥に混ぜたり、だしがわりに使ったり、ベビーフードに加えたりして使います。

赤ちゃんに魚を与えようと思ったら、「骨」の処理が大変なので、敬遠してしまう方もいるかもしれません。魚肉を与えることをメインに考えた場合、お勧めなのは**「お刺身」を買ってきて調理する**ことです。鮮度もよく、骨の処理を考える必要もないので、楽に調理できます（少し高いのが難点ですが）。

他にも、骨取りをした魚の切り身も販売されています。

●オススメの食材①　ツナ缶

すでに十分な加熱処理のされているツナ缶（原材料が赤身魚のマグロやカツオ）を使うのも便利です。食塩の入っていない水煮缶を使うと、塩抜きの手間が不要です（食塩の入っているツナ缶では、熱湯をかけるなど塩抜きをしましょう）。

●オススメの食材②　しらす

「しらす」は骨ごと&内臓ごと食べることができ、ビタミンDやカルシウムも多く含むのでお勧めです。調理しやすいのは「釜揚げしらす」になります。食塩を使っているので、そのままでは塩分が多くなります。熱湯に晒したり、茹でて塩抜きをして使います。

〈卵〉はいつから食べさせたらいいの？

卵はたんぱく質の他、様々なビタミン、カルシウムや鉄などの微量元素を含む、栄養に富んだ食品です。

さらに今回の新ガイドラインでは、〝特に卵には多くの成長経路、神経伝達、記憶、学習過程、遺伝子発現に重要な栄養素であるコリンを高濃度に含んでいる〟と、卵の摂取を勧める記載があります。

卵は、赤ちゃんの食物アレルギーの中では最も頻度が高いこと、過去の離乳食の指針[1]では離乳食中期（7、8ヶ月から）の表に書かれていたこともあり、遅くから食べさせる傾向がありました。[79]

しかし、近年様々な研究がされ、どうも離乳食の開始を遅らせることで食物アレルギーの発症を予防できるというエビデンスはなく、むしろ遅らせる方が食物アレルギーが起こりやすいのではないか？　というエビデンスも出ました（PETITスタディ）。[80]

そのため、日本小児アレルギー学会から2017年に、〝アトピー性皮膚炎に罹患した乳児では（中略）鶏卵アレルギー発症予防を目的として，医師の管理のもと，生後6ヶ月から鶏卵の微量摂取を開始することを推奨する〟「鶏卵アレルギー発症予防に関する提言」[81]が出されています。

アトピー性皮膚炎（もしくは離乳食開始前にひどい湿疹があった子）は、まず湿疹をよくしてから卵をスタートする必要がありますので、主治医の先生に相談してください。

湿疹のないお子さんに関しては、〝湿疹のない乳児は鶏卵アレルギーを発症するリスクが高くないため、特別な摂取の仕方をしてもそれ以上発症率を下げる効果は期待できません。母子手帳などに書かれた離乳食の進め方に従って、鶏卵摂取を開始してください。〟とあります。現在の日本の離乳食の指針[2]では離乳食初期からの固ゆで卵黄などを進めるように書かれています。

補完食の観点からも、**早いうち（補完食をスタートする6ヶ月頃）から栄養に富んだ卵を上手に食事に取り入れてもらえたら**と思います。

今回は特に湿疹がない赤ちゃんを想定した調理の仕方を紹介します（繰り返しますが、絶対にこの進め方でなくてはいけないという意味ではありませんので、参考としてご覧ください）。

卵の試し方

卵には卵黄と卵白がありますが、アレルギーを起こしやすいのは「卵白」になりますので、**卵は卵黄からスタート**します（卵黄摂取数時間後に嘔吐を繰り返す消化管アレルギーというものもあり、卵黄だからアレルギーが起こらないというわけではありません）[88][124]。

加熱方法ですが、沸騰後20分の固ゆで卵になると、かなりアレルゲン性を低下させることができます[81]。また、茹でたあとそのまま放置しておくと、卵白のアレルゲンが卵黄にうつってしまうので、できるだけ急いで分けましょう。（火傷には気をつけて！）

でもどう頑張っても卵黄に卵白の抗原が混じります。それでいいんです。万が一卵（卵白）のアレルギーがあったとしても、卵白のアレルゲンがごく少量混じった卵黄を、ごく少量から食べさせ始めることで、できるだけアレルギーの症状が出ないように（もし出ても可能な限り軽い症状で済むように）することができます。

最初は、卵黄の中心部分をごく少量からスタートします（離乳食の本に書かれているように、耳かき1杯くらいを目安にするとよいと思います）。

補完食レシピ

20分固ゆで卵

■材料

卵 ・・・・・・・・・・・・・・ 1個

※卵黄は冷凍できるので(卵白はボソボソになる)、何個かまとめて作ってつぶして冷凍保存するのもお勧めです

■作り方

1. 水と卵を鍋に入れて加熱
2. 沸騰してから20分茹でる
3. 茹で上がったら卵を取り出し、流水で冷やして、できるだけすぐに卵白と卵黄に分ける

可能であれば2〜3日同じ量を継続しながら増量していくとより慎重ではありますが、特にリスクが高くなければ、毎日ステップアップしてもよいと思います。仕事の兼ね合いで病院が開いている時間にトライできる日が少ない場合は、病院が開いていない時間は増やさずに同量を使用し、開いている時間に増量していくとよいと思います。

イメージとしてはいきなり増やさず、一定量クリアしたらその2倍くらいを目安に増やしていきます(心配であれば、増やす量をゆっくりにしてみてください)。

鉄や亜鉛、ビタミンDなど、赤ちゃんに摂ってほしい栄養のほとんどは、卵白ではなく「卵黄」の方に入っています。[54] ですので、アレルギーがあるかどうかを確かめるのも大切ですが、補完食の

観点から、**まずは卵黄1個分**食べられるようにしましょう（量が多くて1個食べきれない場合は、食べられる範囲まで増やして次の段階にうつってかまいません）。

次は卵白です。卵白は卵黄に少しずつ加えていくようにして増やしていくとよいでしょう。

固ゆで20分の卵白を耳かき1杯から同様に2倍ずつ増やしていきますが、心配であれば、増やす量を1・5倍にするなど調節してみてください。なかなか茹でた卵白を食べさせるのが難しいかもしれません。細かく刻んでお粥やおかずに混ぜると食べさせやすいです。

ゆっくりペースではありますが、初期（5～6ヶ月頃）からスタートしていれば、7～8ヶ月頃には卵黄1個、全卵1／3個程度まで増やせ、厚生労働省のガイドラインと同等の進め方になります。

しかし、卵の増量を慎重にしていると、他の食材をどう進めていいかわからなくなってしまうかもしれません。卵の量を増やす日だけ、他の新しい食材は試さない、もしくはア

卵の進め方の一例

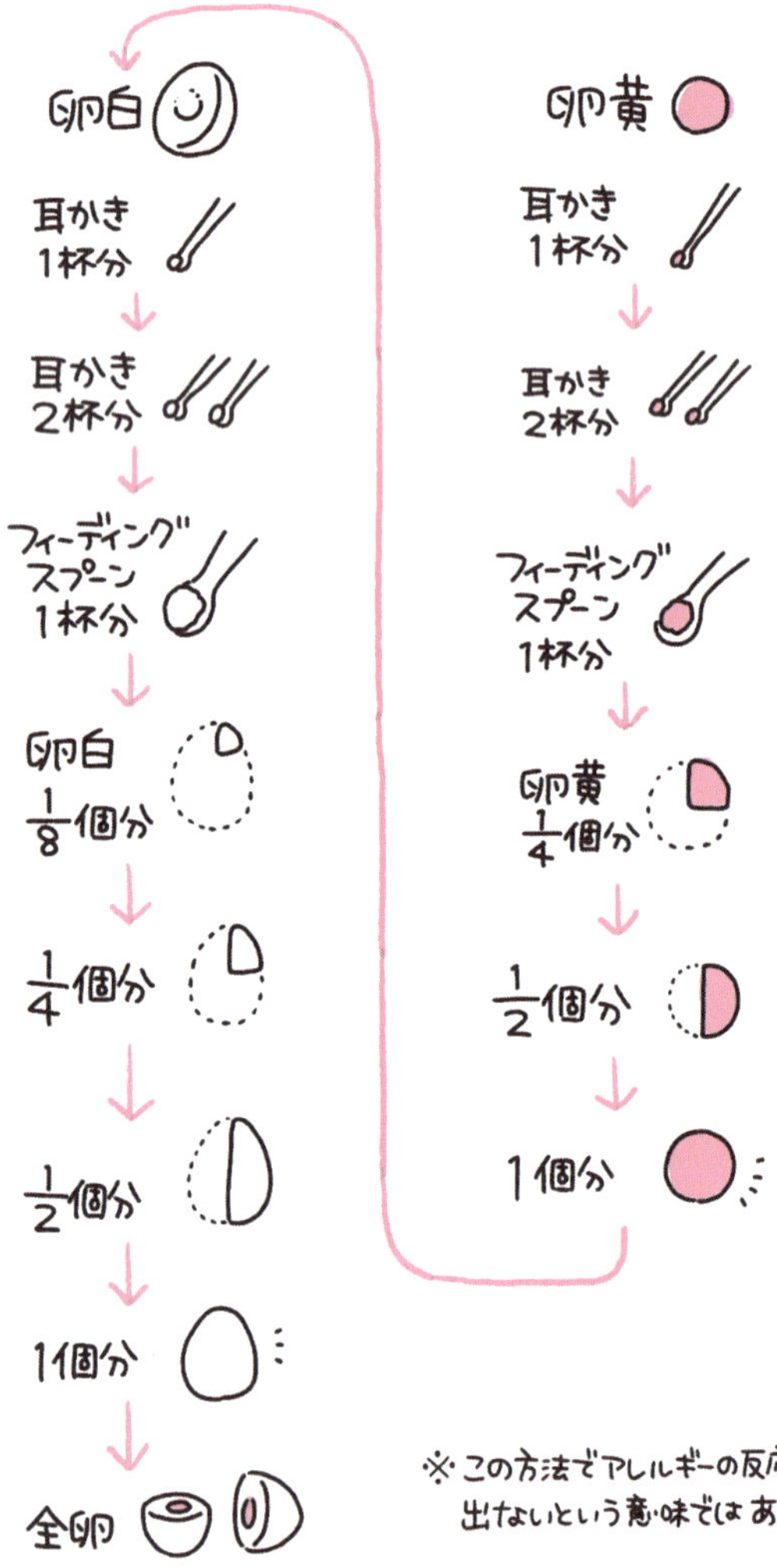

※この方法でアレルギーの反応が出ないという意味ではありません。

レルギーを起こしにくい食材を試す、など工夫するとよいのではないでしょうか。

ある程度卵白も食べられることが確認できたら、茹で時間を20分→12分と短くしてもいいですし、固ゆで卵以外の調理法にも挑戦してみてください。加熱はできるだけ十分に、例えば、煮込みハンバーグはアレルゲン性を低下させますし、薄く焼いて錦糸卵状にするのも一つの手です[82]。

また、生卵の状態で卵黄を分けると、卵黄1個に対して約0・2〜0・3g程度の卵白が混ざりますので[81][82]、ある程度卵白も食べられるようであれば卵黄をつなぎに使った料理にも挑戦できます。新しい調理法で食べさせるのが不安な時には、こちらも少量からスタートして徐々に増やすようにしてみてください。

卵ボーロはアレルギーを起こしやすい？

赤ちゃん用のお菓子としてよく売られている卵ボーロですが、実は比較的卵アレルギーの症状が出やすい食品です。材料に含まれている片栗粉の影響[82]と考えられています。

卵の食べさせ方

● 初期

リスクは低くとも、食物アレルギーを起こす可能性はゼロではないので、まずはしっかりと固茹でにした卵黄をごく少量（耳かき１杯程度）からスタートし、徐々に増量して卵黄１個食べられるようになるのを目指しますが、食べきれない場合は無理せず、次の段階にうつってかまいません。

茹で卵黄はぱさつくので水分の多いものと混ぜると食べさせやすいです。お粥や野菜ペーストと混ぜたり、和風だしに溶いてとろみをつけて卵スープにしたり、粉ミルクと混ぜてデザート風にしたりしてもいいですね。

● 中期・後期

卵黄１個程度食べられるようになったら、徐々に卵白も食べさせていきます。茹で卵白をごく少量から試してもいいですし、生の状態で卵黄と卵白を分離して卵黄のみを調理するのもよいでしょう。加熱はしっかりと。

生の状態で分離した卵黄のみで作るメニューとしては、たまご粥（お粥に卵黄を混ぜてから加熱する）、卵黄プリン、卵黄茶碗蒸し、卵黄つなぎのハンバーグ、ホットケーキなど、卵をつなぎとするメニューであれば大体応用して作れます。

卵黄つなぎで問題なければ、卵白の量を徐々に増やしていき、中期で全卵 1/3 個、後期で全卵 1/2 個を目標にします。

● 完了期

全卵 1/2 ～ 2/3 個を目標に食べさせます。卵焼き、目玉焼き、フレンチトーストやハンバーグ、ホットケーキ……子供も大人も好きなメニューが大体食べられるようになります。食物アレルギーの心配は少ない場合でも、食中毒の危険性がありますので、十分に加熱するように心がけましょう。

卵黄ボーロも卵白が全く含まれていないわけではありませんが、卵ボーロ（全卵を使ったもの）と比べると、含まれる抗原は少ない[82]ので、もし赤ちゃんにボーロを食べさせるなら、まずは卵黄ボーロから試してみるといいかもしれませんね。

もし卵アレルギーだった時は？

卵のアレルギーがあった場合、食事の制限の必要があり大変なだけでなく、栄養面でも心配と感じるかもしれません。

栄養に関しては、他の動物性食品を上手に摂取するのに加えて、豆類や種実類も組み合わせて食べさせてもらえたら補うことができます。

食事内容で困った時は、アレルギーでかかっている病院でも相談してみてくださいね。

主食と共に食べたい食品③

緑黄色野菜と果物

〈野菜〉は離乳食の本も参考に

野菜は、ビタミン、ミネラル、食物繊維を豊富に含んでいます。ビタミンAに変換されるβ－カロテンは緑黄色野菜に多く含まれます[74]し、緑の葉の野菜は葉酸や鉄を含みます（ただし、非ヘム鉄になります）[3]。

意外と思われるかもしれませんが、例えば日本人の食事を見ると、カルシウムの17％は野菜から摂取されています。[75]

野菜に関しては、従来の離乳食で初期から大変活用されています。そのため、一般的な離乳食の本にかなり詳しく様々な調理法やレシピが紹介されていますので、ぜひご活用ください。

この本では、簡単な調理法と工夫をご紹介します。

野菜の調理法

野菜は基本的に簡単につぶせる程度まで柔らかく茹で、初期はペースト、中期はつぶしただけのもの&細かく刻む、後期は少し大きめの角切り、完了期は角切り……というのが大体のイメージになります。

補完食として考えた際、ペーストにする時の注意点は、**「できるだけ水分は少なめにする」**ことです。

例えば、茹でたにんじんだけで作ったペーストと、茹でたにんじんと同じ量の水を加えたもので作ったペーストでは、含まれる栄養が倍違います。水分が多くなれば、当然それだけ「薄い」ペーストになります。

あまり水分が少ないと滑らかになりませんし、水を一切加えるなという意味ではありませんが、あまり水を足しすぎないように工夫してみてください。

ペーストにするには手作業で裏ごしをする方法もありますが、ハンドブレンダーなどを使用すると楽にできます。まとめてペーストを作って、製氷皿などに使いやすい量に小分けして、冷凍しておくと食べさせる時の調理の手間が省けます。

補完食レシピ

野菜ミックスペースト

赤ちゃんに野菜を手軽にたくさん食べさせてあげたい方は、
野菜ミックスペーストを作っておくと便利です。

■材料

にんじん・・・・・・・・・・1/4個
たまねぎ・・・・・・・・・・1/8個
さつまいも・・・・・・・・・1/8個
キャベツ・・・・・・・・・・1枚
小松菜・・・・・・・・・・2枚

※野菜の種類は上記の通りでなくてもかまいません。私はありあわせの野菜を全部で200g程度合わせて作っています

■作り方

1. 野菜をよく洗い、皮をむき、適度な大きさに切る
2. 鍋などで柔らかくなるまで茹でる
3. 2を容器に入れ、ハンドブレンダーなどでペーストにする
4. 製氷皿に使いやすい量に分け、冷凍する

■注意点

ミックスにするのは、食べさせたことのある野菜にしましょう（万が一アレルギー症状が出た時に、どの食材かわからなくなるため）。

甘みの強い野菜や赤ちゃんの好きな野菜を一つは入れると食べやすいです。

野菜の組み合わせを変えて、「オレンジの野菜ミックス」「緑の野菜ミックス」のように作っておくと、味や栄養バランス、料理の彩りのバリエーションができます。

ペーストではなく離乳食の時期に応じた大きさに切ったものを冷凍保存しておくのも便利です。

■野菜ミックスペーストの活用方法

野菜ミックスペーストは、主食やたんぱく質、ミルクやだしと組み合わせれば次のようにいろいろなメニューが作れます。

①野菜ミックスペースト＋ミルク（牛乳・豆乳）＝お野菜ポタージュ
②お粥＋野菜ミックスペースト＋ミルク＝野菜ミルクリゾット
③魚のペースト＋野菜ミックスペースト＋だし＝魚と野菜のトロトロ煮
④牛肉ペースト＋野菜ミックスペースト＋だし＋醤油ちょっと＝肉じゃが風

後期や完了期、離乳食期以降でも、ホットケーキ、おやき、蒸しパン、ハンバーグを作る時に足したり、カレーを作る時の水分がわりに入れたり、いろいろなものに「野菜をちょい足し」できます。


野菜には様々な種類があり、それぞれ含む栄養素も異なります。

緑黄色野菜（にんじん、かぼちゃ、ほうれん草、トマトなど切った時に中まで色が濃い野菜）にはβ-カロテンが多く含まれますし、**淡色野菜**（かぶ、大根、キャベツ、なすなど、切った時に中が白っぽい野菜）は食物繊維が多く含まれます。また、国によっては主食としてカウントされる**いも類**（じゃがいも、さつまいもなど）には、炭水化物やビタミンCなどが含まれます。

栄養素を一つ一つ吟味して食材を選ぶのは大変ですので、「1日のうちに何種類かの野菜を組み合わせて使おう」と考えてください。その際に、緑黄色野菜、淡色野菜、いも類から最低1種類ずつ……というように考えると、偏りが少なくてよいかもしれません。

果物は生で食べさせていいの？

離乳食では「生の果物や野菜を食べさせない」ことを書いたインターネットの記事なども見かけますが、絶対に生で食べてはいけないということはありません。

ビタミンCは熱に弱い性質がありますし、生で食べられる果物は生で食べる方が、足りない栄養を補完するには合理的です（もちろん、加熱してはいけないという意味ではありません）。

食中毒を避けるという意味では、確かに加熱した方が安心です。生で食べさせる時は、調理前によく手を洗う、皮をよく洗って剥けるものは剥く、生肉などを扱った調理器具で触らない、調理後は長時間放置しない、といった一般的な注意事項を守って作りましょう。

また、加熱する方が食物アレルギーが起こりにくいという考え方もあります。

ただ、乳児期の食物アレルギーとしては果物の割合は低いため、過度に注意しなくてはいけない食材、というわけではありません（全ての赤ちゃんが果物の食物アレルギーを起こさないという意味ではありません）。加熱してもあまり抗原性が下がらないものもあります[88]。

エビデンスがある話ではありませんが、初めての食材（果物）は加熱して食べさせ、それが大丈夫であれば徐々に生のものも試してみるとよいかもしれません。

また、食べさせやすさの問題で「柔らかく煮る」という選択肢を選ぶことはあってよいと思います。

りんごのような硬い食べ物は、歯が生えそろっていない赤ちゃんにとって窒息のリスクがあります。生であれば十分にすりおろす、ブレンダーなどでつぶす、薄くスライスするなどの方法もありますが、加熱した方が柔らかくなりますので食べさせやすいでしょう。

赤ちゃんの反応を見ながら、調理法を工夫してみてください。

果物はジュースではなく、果物自体をつぶしたものをお勧めします

100％ジュースも含めて、果物のジュースはあまりお勧めできません。

100％ジュースはビタミンの供給源にはなり得ますが、果物そのものを食べた場合と

比較すると食物繊維が不足しています。また、ジュースの飲みすぎで食事の量が減ると、必要な栄養が摂取できなかったり、低身長を引き起こすこともあります。下痢や虫歯の原因にもなります。

そのため、ＡＡＰ（アメリカ小児科学会）では１歳未満のジュース摂取は栄養面でのメリットがないので、果物全体を摂取するように、また、１歳未満はジュースを摂取せず、１〜３歳では１日あたり４オンス（約１２０㎖）以下、４〜６歳では４〜６オンス（約１２０㎖〜１８０㎖）以下に制限することを推奨しています。[78]

日本でも乳幼児向けの果物ジュースが販売されています。

果物の代わりではなく、**あくまで嗜好品**と考え、食事として食べさせる時にはできるだけ果物そのものを与えるように意識してみてはいかがでしょうか。

補完食レシピ

すりおろしりんご

■材料

りんご ･･････････1/8個

■作り方

1.りんごは皮を剥き、芯を取り除く

2.おろし器ですりおろす、もしくはブレンダーなどでつぶす

■注意点

できあがったら、りんごのかけらが残ってないか確認してください。かけらが残ってしまう場合は、先にレンジなどで加熱してからなめらかにすりつぶしましょう

補完食レシピ

柔らかバナナのピューレ

■材料

バナナ･･････････30g程度

■作り方

1.バナナは皮を剥き、1食分をラップで包んで指でつぶす

2.(レンジで加熱する)

■補足

ある程度の硬さが食べられるようであれば、ラップで包んでつぶすだけで食べることができますし、トロトロの柔らかさの方が食べやすいのであれば、レンジで加熱すればさらに柔らかくすることができます。

補完食レシピ

プルーンペースト

■材料

ドライプルーン ・・・・・1個
水 ・・・・・・・・・・・・・大さじ1〜2程度

■作り方

1. プルーンを包丁やハサミで細かく刻む
2. 耐熱容器に水と刻んだプルーンを入れ、レンジで30秒ほど加熱する

■補足

ドライフルーツも補完食に使えます。そのままでは硬いので、水を加えて柔らかくします。皮が硬いようであれば、ブレンダーなどでペーストにしてみてください。

下ごしらえをした果物はそのまま食べてもかまいませんし、ヨーグルトや粉ミルクと混ぜたり、オートミールに加えてレンジで加熱してオートミール粥（ポリッジ）にしても美味しく食べることができます。野菜のペーストと混ぜてもいいですね。

栄養をしっかり「補完」するコツ

【要約】主食群（ご飯・麺・パンなど）、主菜群（肉、魚、豆、卵など）、副菜群（野菜、いも、きのこなど）の各群の食材を組み合わせて1食にするようにしましょう。ベビーフードや粉ミルクも「ちょい足し」することで補完しやすくなります。

献立の考え方

ここまではそれぞれの食材の調理法について解説しました。

ここからは、その食材をどう組み合わせて1食分のメニューにするとよいのかな？という話になります。

ＷＨＯの「補完食」では、母乳では補えない「差」を満たすために、**〝1日を通じて考えると、主食＋豆類＋動物性食品＋緑色葉菜類／黄色の野菜や果物を組み合わせるとよいでしょう。〟**[3]と書いています。

実はこれは補完食だけの特別な考え方ではありません。厚生労働省の「授乳・離乳の支援ガイド」でも〝離乳食に慣れ、1日2回食に進む頃には、穀類（主食）、野菜（副菜）・果物、たんぱく質性食品（主菜）を組み合わせた食事とする。〟[2]と書かれていますし、農林水産省もバランスのよい食事として、主食、主菜、副菜、その他（乳製品など）を組み合わせた日本型食生活[83]を推奨しています。

難しく考える必要はありません。考え方はシンプルです。

- 主食（炭水化物：ご飯、麺、パンなど）
- 主菜（たんぱく質：肉、魚、豆、卵など）
- 副菜（野菜、いも、きのこなど）

この三つを組み合わせて1食にします。もし1食にできなかったら、1日のうちに三つをとれるように調節します。3皿用意しなくてはいけないという意味ではなく、この三つの群の食材を組み合わせればOK。

また、1日かそこらは、栄養バランスがおかしくなっても大丈夫です。数日や1週間単位で見て、おおよそバランスがとれるように工夫してみてください。

食材は可能な限りバリエーションをつけましょう。例えば**3食食べる場合、主菜のたんぱく質を「朝：牛肉」「昼：牛肉」「夕：牛肉」ではなく、「朝：卵」「昼：鶏レバー」「夜：豆腐」のように、できるだけいろいろなものを組み合わせます。**

野菜もいろいろありますが、前述した緑黄色野菜、淡色野菜、いも類をちょっと意識して、「そういえば今日は朝も昼も淡い色の野菜ばかりだったな」と思った時は濃い色の野菜（緑黄色野菜）を使ったメニューにしたり、上手に組み合わせて考えてみてください。

「補完」することを意識する

いろいろな食材を取り入れていくと共に、本書でこれまでに書いた、母乳やミルクでは補えない、いろいろな「差」を補うことを意識してみてください。

例えば、

・1日1回はヘム鉄を多く含む食材を取り入れる
・非ヘム鉄を多く含む食材を与えるときには、ビタミンCや動物性たんぱく質も同時に摂れるメニューを考える
・足りない栄養があるときは、間食で補う（補食といいます）工夫をしてみる

といった風に、これまでに読んだ知識をちょっと工夫して、あなたとあなたの赤ちゃんの毎日の補完食を完成させてみてください。

ベビーフードの取り入れ方

市販のベビーフードももちろん補完食として使うことができます。ただ、多く販売されているレトルトタイプのものは「水分量が多く、エネルギーが少ない」という点で、補完

食としては若干使いにくいものが多いです。

でも大丈夫！　ベビーフードも活用できますよ！

補完食でのベビーフードの活用法としては大きく分けて二つ。手作りの素材として使う、もしくは「ちょい足し」して補完食に向いた形にアレンジする、です。

①手作りの補完食の素材として使う

●食材として使える「単品」のベビーフード

一番使いやすいのは、「食材単品」のベビーフード。下ごしらえした状態のベビーフードがあれば、調理の手間を大幅に削減できますし、水分量なども調節しやすいです。瓶詰めのものや冷凍しているもの、フレーク状のものなどが販売されています。

お粥の素や麺類のベビーフードも便利です。

●「おかず」のベビーフードに手作りの主食をプラス

次に使いやすいのは「おかず」のベビーフード。主食を自宅で用意すれば食費も抑えられますし、エネルギー密度の高い主食（例えば初期の五倍粥など）を作れば、全体のエネルギーを底上げできます。

(2)「ちょい足し」して補完食に向いた形にアレンジする

●「お粥の素」をちょい足し

初期に五倍粥を導入していると、ベビーフードが水っぽく感じて、食べさせるのにかなり苦戦します。そこで、ベビーフードに粉末の「お粥の素」やオートミールを加えてみてください。硬さも程よくなりますし、エネルギーも増やすことができます。ただ、お粥ばかりを増やすとバランスが悪くなりますので、程よく、調節してください。

●鉄が足りない時には、自作のお肉のペーストやレバーペーストをちょい足し

ベビーフードは各社工夫して作られていますが、特に初期に関して、「鉄」を強化したベビーフードは非常に少ないです（鉄を強化している場合は、「鉄」とわかりやすく記載されていることが多いです。原材料に鉄が添加されていることが書かれていることが多い

ですが、まれに省略されている場合もあります。成分表示に「鉄」の記載があるかも目安になります）。

そのため、初期にベビーフードを使用する場合や、中期以降も鉄が足りないなと感じる場合、前もって下ごしらえして冷凍ストックしておいた、お肉のペーストやレバーペーストを、ベビーフードに「ちょい足し」してみましょう。

●鉄を強化した、だし・スープの素、あんかけの素などを使う

ベビーフードで鉄を強化しただしやスープの素、あんかけの素、ふりかけなどが販売されています。家庭で作った主食や野菜などや、素材タイプのベビーフードに混ぜると、味のバリエーションもつき、鉄の底上げをすることができます。ただ、使いすぎると塩分が多くなりすぎますのでご注意。

●他にも使えるベビーフードにちょい足し技

ちょい足し技は他にもあります。

例えば、たんぱく質が少し足りないなと感じる時は、粉にした高野豆腐やきな粉、粉ミ

ルク、お肉のペーストをプラス。カルシウムを足したい時は、粉にした煮干しや粉ミルクをプラス。野菜が足りない時は、冷凍しておいたミックス野菜ペーストをプラス。全体にエネルギーを増やしたい時はホワイトソースをプラス。ゆで卵の卵黄や、ピーナッツバターもいいですね。

おかずを1品作って足してもいいですが、**混ぜて食べさせるだけでよい食材をいくつかストックしておく**と、ベビーフードがより活用できます。

月齢が進んで、家族の食事のものを取り分けることができるようになったら、スープの具材を取り出してちょい足ししたり、肉をちょっとはさみで切り取ってちょい足ししたりできます。卵のアレルギーが大丈夫であれば、全卵や卵黄を加えて卵とじにしたり、おやきにすることもできますよ。

ベビーフード単品で食べることがあってももちろんかまいません。特に外出先ではベビーフードは非常に便利です。レトルトタイプのものは常温で持ち運んでも問題ありませんし、衛生的です。

ただ、1日のうち、1週間のうちの何食かだけでもこれらの工夫ができると、補完食の視点ではよいのかなあと私は考えます。

ちょい足しに便利な粉ミルクの話

母乳で育てている方の中には、粉ミルクを与えることに少し抵抗がある方もいるかもしれません。補完食の視点で考えた場合、粉ミルクを母乳の代わりに飲ませるのではなく、あくまでも**母乳に追加して食べさせる食材の一つとして粉ミルクを取り入れる**ことになります。母乳を減らして粉ミルクに置き換える必要はありません。

粉ミルクはただの母乳代替品ではなく、母乳では足りなくなりがちな栄養（ビタミンK、ビタミンD、鉄など）を補うように工夫されています。（母乳には栄養以外の部分での利点がありますので、粉ミルクの方が母乳より優れている、という意味ではありません）。そのため、母乳で足りない栄養を補う「補完食」向きの食材と言えるでしょう。

「乾燥した粉」であることも利点の一つです。お湯に溶かして薄めれば母乳と同等のエネルギーになる粉ミルクですが、乾燥した粉末の状態では13g～14gで100㎖分の栄養が摂取できることになります。そのため、少量加えることでエネルギー密度を上げることができるので、少食な赤ちゃん向きの食材です。

ＷＨＯは補完食で鉄強化された食材も使うことを勧めていますが、２０２４年現在、日本国内で（個人輸入などをせずに）手に入る鉄強化された赤ちゃん用の食材は、ふりかけやおやつ、ジュース、一部のベビーフード程度で、毎日の補完食に使うには若干種類に乏しいのが現状です。（それでもこの本の初版発行時より増えてきています！）

その点、いろいろな栄養をカバーできる&手に入りやすい粉ミルクは、日本での補完食のハードルを下げることができる食材ではないかと私は考えています。

フォローアップミルクも同様に使えますが、残念ながら粉ミルクと違い、亜鉛や銅が含まれていません。特別な理由がなければ、補完食に使うなら粉ミルクでいいんじゃないかなあと私は考えます。特に月齢によって粉ミルクからフォローアップミルクに切り替える必要はありません。

ベビーフードだけでなく、自分で一から作った補完食や、取り分けに粉ミルクをちょい足ししてもかまいません。味が気にならなければ、家族の食事を作る時に利用してもかま

母乳、粉ミルク、フォローアップミルク、牛乳の成分比較

	母乳（100g）	粉ミルク（100mℓ）（調乳濃度13%）	フォローアップミルク（100mℓ）（調乳濃度14%）	牛乳（100g）
エネルギー	65kcal	67kcal	64kcal	67kcal
鉄	0. 0mg	0.8mg	1.2mg	0. 0mg
たんぱく質	1.1g	1.4g	2.0g	3.3g
ビタミンD	0.3μg	0.8μg	0.7μg	0.3μg
ビタミンK	1μg	3μg	4μg	2μg
亜鉛	0.3mg	0.4mg	―	0.4mg
銅	0.03mg	0.04mg	―	0.01mg

※母乳・牛乳は「日本食品標準成分表2015年版（七訂）」より（食品番号13051番人乳、13003番普通牛乳）
※粉ミルク・フォローアップミルクは森永乳業HPより（はぐくみ、チルミル）

いません。例えばシチューの牛乳の一部を粉ミルクに置き換えたり、カレーに加えてコクを出すのに使ったり、ポテトサラダやコロッケに加えたり……もちろん味が気になるのであれば、取り分けてから粉ミルクを加えてもいいですね。

粉ミルクメーカー各社のサイトでは、粉ミルクを使った離乳食レシピが多数公開されています。補完食に困った時に「粉ミルクを使う手もある」ということを思い出してもらえたら幸いです。

ただし、過剰に加えるとエネルギー等を摂りすぎることになりますし、全部が粉ミルク味になるのも少々考えものです。1食100㎖分くらいまでを目安にするなど、赤ちゃんの食べる食事量を見ながら加える量を調節してくださいね。

食品の多様性

【要約】主食だけでなく、肉・魚・卵などの動物性食品や果物・野菜、豆類、ナッツ類、種子類など、いろんなものを食べましょう。

主食だけではなく、いろいろなものを食べよう

ＷＨＯの新ガイドラインでは、世界中の赤ちゃんを対象にしていることもあり、量については設定していませんが、食品の多様性を大きな推奨項目としてあげています。要するに「いろんなものを食べようね」という話になります。

赤ちゃんの胃は小さいので、足りない栄養を満たそうとするには工夫が必要になります。その工夫の一つが前述した「濃さ」になりますが、この「多様性」も大変重要な工夫です。

いくら「濃い」お粥であったとしても、お粥だけ食べて他のものをなにも食べなかったとしたらどうでしょうか？　エネルギーは満たせるかもしれませんが、たんぱく質や鉄、その他もろもろの栄養は十分に満たせそうにありませんね。

ではお肉だけ食べてみてはどうでしょうか。うーん、たんぱく質や鉄は足りそうですが、ビタミンその他、やはりどうも足りないものが出てきそうです。

このように、**同じ食品ばかり食べると、どうしても栄養のバランスが偏ってきます。**特にお粥などの主食は準備しやすく、好きな子も多いので増やしやすい食品ですが、主食ばかり増やしてしまうと様々な栄養のギャップが生じてしまうことがＷＨＯの新ガイドラインで指摘されています。

かといって、毎回栄養を細かく計算するというのは現実的ではありません。

そこで重要なのが多様性です。**いろいろなものをちょっとずつ摂る。**毎日ものすごい種類の食材を準備するのもこれまた現実的ではないので、１食で、１日ではなく、１週間単位くらいで様子を見て摂るようにしてみてください。特に生後６～11ヶ月の赤ちゃんは、それより大きなお子さんと比べて食品の多様性が低いことが指摘されています。

新ガイドラインでは、

・肉・魚・卵などの動物性食品を毎日摂取すべきである
・果物・野菜は毎日摂取すべきである
・豆類、ナッツ類、種子類は、（特に肉類、魚類、卵類、野菜類を制限している場合には）頻繁に摂取すべきである

と、ざっくりとしながらも結構強い口調で指標が書かれています。

住んでいる地域やご家庭の状況により、赤ちゃんに食べさせる食品の種類というのはかなりばらつきがあります。また、赤ちゃんに食べさせやすい形状に加工しやすいもの、しにくいもの、赤ちゃんの好みによって食べてくれるもの、くれないもの、いろいろあると思います。従来の離乳食の本には、いろいろな食材の加工方法が書かれていますので、そちらもぜひ参考にしながらいろいろな食品を試してみてくださいね。

取り分けで手間を減らす

【要約】家族の食事から取り分けると手間を減らせます。ただし、補完食に向かない物（栄養が少ないもの（甘いだけのジュースなど）、塩辛いもの、刺激物、生焼けの肉、生卵など食中毒を起こしやすいもの、赤ちゃんが食べにくい硬さのものなど）は避けましょう。

家族の食事から取り分ける

補完食にしろ離乳食にしろ、「家族一緒に同じ食卓で同じものを楽しく美味しく食べられるようにする」というのが最終目標なのではないかなあと私は思っています。

補完食だからといって、極端に家族の食事とかけ離れたものを準備したりする必要はなく、いつか一緒に食べることを考えて、家族の食事から使えるものは存分に使ってほしいのです。

とは言っても、初期や中期の頃は家族の食事から取り分けても、すりつぶしたり裏ごししたり……というのが結構手間になります。この頃は割り切って、1週間分ほどまとめて下ごしらえして冷凍しておくと、食べる時にレンジで加熱するだけで準備ができて楽かもしれません。

もちろん、そこまで手間でなければ、家族の分から取り分けて使ってOKですよ！

取り分けのコツ

取り分けるときに気をつけてほしいことは、大人の食事と赤ちゃんの食事の違いであり、「補完食に向かないものは避ける」ことです。

・栄養が少ないもの（甘いだけのジュースなど）
・塩辛いもの、刺激物

・生焼けの肉、生卵など食中毒を起こしやすいもの
・赤ちゃんが食べにくい硬さのもの

といったものは避けましょう。

●下味はできるだけ控えめに

レシピによって下味をつけるものも少なくありませんが、取り分けメニューを予定した場合には下味は控えめに。下味をつけない場合、後から味付けの時に調節をします。刺激の強すぎる香辛料にも気をつけて。

●味付けをする前に取り分ける

例えばスープから取り分けようと思ったら、まずは具材と水だけで煮込み、あとから味付けをしましょう。味付け前に取り分ければ、塩分を抑えることができます。

●汁物や煮物から取り分けると便利

焼いたり揚げたりしたものも取り分けることは可能なのですが、難易度が低いのは「煮たもの」になります。スープや味噌汁、シチューといった汁物や煮物から取り分けると、柔らかさや水分の調節もしやすく、お勧めです。

例えば、豆腐とほうれん草の味噌汁を作ろうと思ったら、まずおだしで具材を煮込み、赤ちゃんの分の豆腐とほうれん草とおだしを取り分けます。その後味噌で味を調えます。ホワイトシチューなら、鶏肉、にんじん、たまねぎ、じゃがいもを煮込みます。具材を取り分けてから味付けをします。

月齢が上がってきたら、すでに味付けをしたスープから具材だけ取り分ける（塩分の多い汁の部分は避ける）というような工夫をしてもよいでしょう。

この機会に、家族みんな、少し塩分を控えた食事を心がけてもいいですね。

●食物アレルギーに注意

一つ、気をつけてほしいのは食物アレルギーです。

重篤な食物アレルギーがある場合、一緒に煮込んだ食材にアレルゲン（アレルギーを起こす物質）がうつってしまい、アレルギーの反応を起こしてしまうことがあります。例えば牛乳のアレルギーがある場合、牛乳と一緒に煮込んだスープから具材を取り分けると、具材に染み込んだ牛乳のアレルゲンによって症状が出てしまいます（食物アレルギーの程度や、量にもよります）。

一緒に煮込むのは、すでに食べたことがある食材にするのがベストです。

●はさみが便利

後期以降、取り分け用に食品専用のはさみを一つ準備してみてください。

取り分けてお皿に並べ、赤ちゃんの食べる様子を見ながらお皿の中でチョキチョキ切れば、ちょうどいいサイズに調節することもできます。赤ちゃんにはさみを取られないように注意してくださいね。

補完食 相川家の実践例

補完食づくりを楽にする冷凍保存

私が作ったメニューから、1日で豆、レバー、肉などを使った献立を立ててみます。試しやすいように細かくレシピを書きましたが、実際は、野菜や肉は、初期はペーストにしたものを、中期と後期は火を通して刻んだものを冷凍保存しておき、それを都度レンジで解凍&しっかり加熱して使っています。一度試した野菜は、よく使うもの同士をミックスして冷凍したものも活用しています。

ペースト類を使用する場合は、10gなら電子レンジ600Wで40秒（10g増すごとにプラス10秒）くらいでよい加減になると思いますが、機種などによっても変わるので、確認しながら時間を調節してください（突沸《とっぷつ》・加熱ムラを防ぐため、途中で簡単に混ぜると失敗が少ないです）。

初期に生じやすいギャップ

ギャップを生じやすいエネルギー、鉄、たんぱく質、ビタミンD、亜鉛に限ってグラフにしてみました。

離乳食初期を5〜6ヶ月頃、哺乳量を729㎖（WHO新ガイドライン[116]より）と仮定した場合、下のグラフのようなギャップが生じていることになります。（あくまでモデルケースであり、個人差がありますので、参考程度にしてください）それぞれギャップがありますが、鉄のギャップが特に大きいというのが一目でわかりますね。

母乳から得られる栄養と必要量のギャップ（初期）

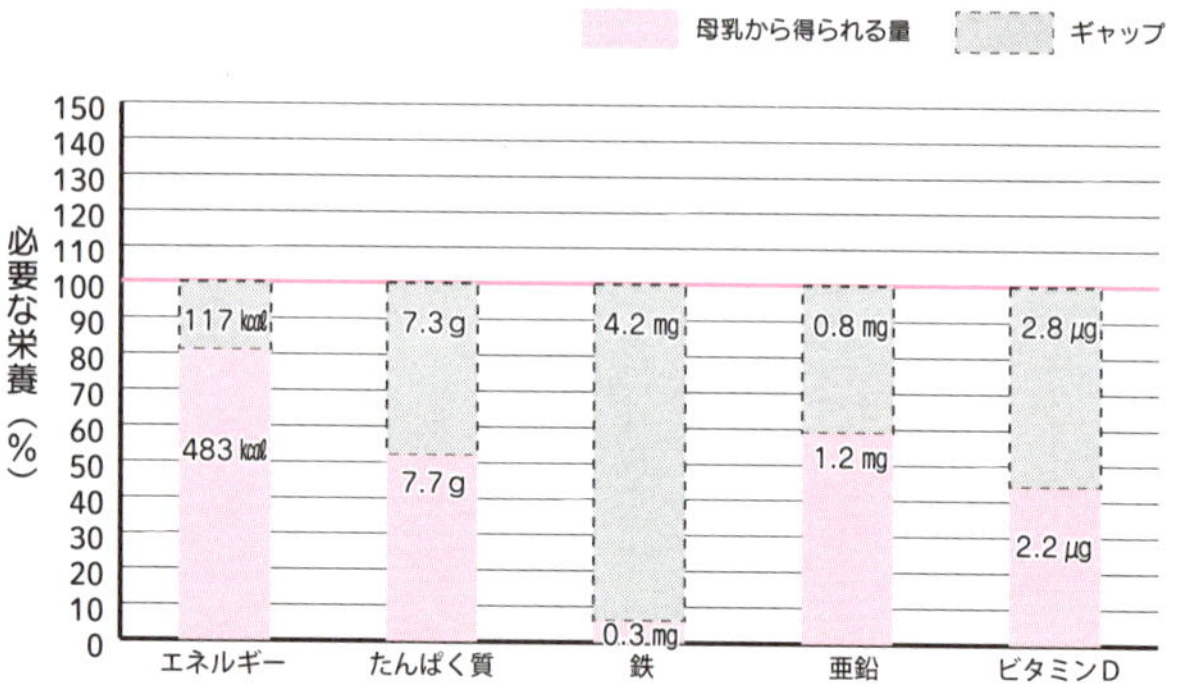

※必要な栄養は「日本人の食事摂取基準（2025年版）」を元に算出。
（エネルギーは推定エネルギー必要量、たんぱく質、亜鉛、ビタミンDは目安量、鉄は推奨量）
（男児の場合はエネルギーを＋50㎉足して考えてください）
＊母乳成分は「日本人の食事摂取基準（2025年版）」の母乳中濃度、及び授乳婦エネルギー計算根拠における母乳エネルギーを元に算出。ビタミンD濃度は2020年版をもとに算出。日本食品成分表七訂とは異なります。

補完食レシピ

初期・朝食例

にんじんとパプリカのポリッジ

■材料

にんじんパプリカMIX ・・ 15g
オートミール・・・・・・・・ 大さじ1（6g）
水 ・・・・・・・・・・・・・ 大さじ2

■準備

（にんじんパプリカMIX　10回分）

にんじん1/2本（100ｇ）は皮を剥き、パプリカ（赤）は種と軸をとって30ｇ取り分け、共に大きめに切って茹でる。柔らかくなったら、茹で汁大さじ１～２杯と共にブレンダーなどでペーストにし、小分けにして冷凍する。

■作り方

1. オートミールと水を器に入れ、レンジで全体が膨らむまで加熱する
2. 解凍または準備されたにんじんパプリカMIXと1をよく混ぜる

枝豆のポテトクリーム

■材料

枝豆ペースト ・・・・・・・ 10g
マッシュポテト・・・・・・・ 5g
豆乳・・・・・・・・・・・・ 小さじ強（6mℓ）

■準備

（枝豆ペースト）
枝豆は作りやすい量を茹でてサヤから出し、薄皮をとってからブレンダーなどでペーストにし、小分けにして冷凍する（我が家では生協の「北海道のうらごし枝豆」を使用しています）

（マッシュポテト）
じゃがいもは、皮を剥いて芽をとったら柔らかくなるまで茹で、ブレンダーでペーストにし、小分けにして冷凍する

■作り方

1. 枝豆ペースト、マッシュポテトをそれぞれ解凍もしくは準備をする
2. 器に1を入れ豆乳を加えてレンジ（600W）で10秒加熱する

エネルギー	47kcal
たんぱく質	2.4g
鉄	0.6mg
亜鉛	0.4mg
ビタミンD	0.0μg

初期・昼食例

まぐろご飯

■材料

5倍粥・・・・・・・・・40g
まぐろペースト・・・・・・・・・・10g
青のり・・・・・・・・・・少々（0.3g）

■準備

（まぐろペースト）

ツナ水煮缶を用意し、汁を切り、お湯をかけて汁を軽く流してから、こし網やブレンダーなどでペースト状にする。

作りやすい量で多めに作って冷凍したり、家族も一緒に食べてもいいでしょう。

■作り方

1. 器に5倍粥を入れ、解凍もしくは準備をしたまぐろペーストと青のりをかける

かぼちゃとさつまいものクリーム和え

■材料

かぼちゃペースト・・・・・10g
さつまいもペースト・・・・10g
豆乳・・・・・・・・・・・・小さじ1弱（4mℓ）

■準備

（かぼちゃペースト/さつまいもペースト）

かぼちゃは皮と種をとって、さつまいもは皮を剥いて、柔らかくなるまで茹で、こし網やブレンダーなどでペースト状にする。

別々に冷凍しても一緒に冷凍してもいいでしょう。

■作り方

1. かぼちゃペースト、さつまいもペーストは解凍もしくは準備をしておく
2. 1に豆乳を加えて良くまぜ、レンジ（600W）で10秒加熱する

エネルギー	53kcal
たんぱく質	2.5g
鉄	0.5mg
亜鉛	0.3mg
ビタミンD	0.3μg

補完食
レシピ

初期・夕食例

青のり粥

■材料

5倍粥 ・・・・・・・・・・・ 60g
青のり ・・・・・・・・・・・ 少々(0.3g)

■作り方

1. 5倍粥に青のりをかける

レバーとかぼちゃの煮物

■材料

レバーと野菜のペースト(P167) ・・・ 10g
かぼちゃペースト(P216) ・・・ 10g
白野菜MIX ・・・・・・・・・・・ 15g

■準備

(白野菜MIX)

じゃがいも1個(150g)を良く洗い皮を剥いて芽をとっておき、たまねぎ1/3個(75g)は皮を剥いて、共に大きく切ってから柔らかくなるまで茹でる。茹で汁(約大さじ?)と共にブレンダーでペーストにし、小分けにして冷凍する。

■作り方

1. それぞれのペーストを解凍など準備をして、混ぜ合わせる

エネルギー	たんぱく質	鉄	亜鉛	ビタミンD
71kcal	2.1g	0.8mg	0.4mg	0.0μg

母乳と初期献立例３食の栄養の合計

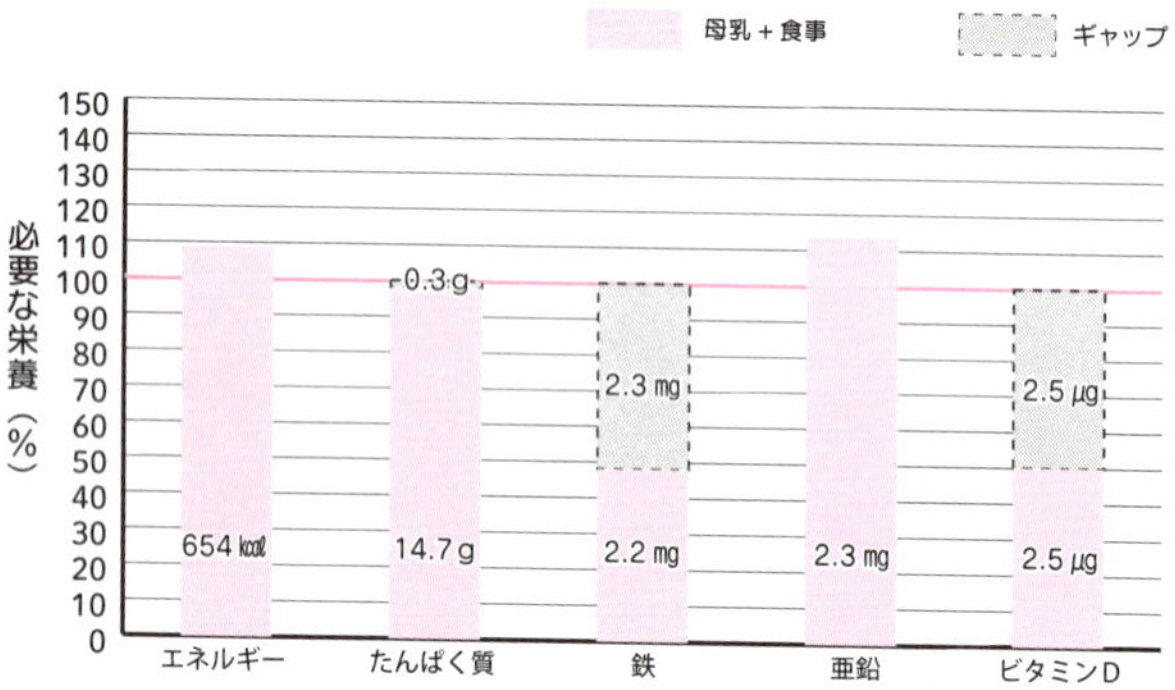

※食事は、日本食品成分表（七訂）、母乳は前述のとおり日本人の食事摂取基準をもとに算出しており、日本食品成分表（人乳）とは異なります。

ご紹介した3食の栄養を足すと上記のようになります。エネルギーはともかく、鉄は3回に分けて食べさせても全然足りない！　ことがわかります。「補完」することを意識して調理しても、なかなか十分な鉄を補うことは難しいんですね。

特に初期は量を食べさせることが難しいので、なんらかの形で鉄強化されたベビーフードを使うと、必要な量を満たしやすくなります。海外のものであれば、鉄強化した主食（ライスシリアル）などがありますので、毎食鉄を補うことが可能です。日本で手に入るものですと、和光堂のWAKO-DO GLOBALシリーズ（レトルトパウチのベビーフード、1食あたり鉄1・5㎎）、おいしいパンがゆ風（ミルクで作ると1食あたり鉄0・6㎎）、だし・スープの素（1食あたり鉄0・4㎎）などがあります。おやつ（補食）として補う方法もあります。亀田製菓の野菜ハイハイン（赤ちゃんせんべい　2枚で鉄0・7㎎）は、比較的早い月齢から食べることができます。だしやミルクなどでふやかして食べさせることもできます。

レバーはヘム鉄が豊富で補完食によい食材なのですが、連日レバーを使うとビタミンAが過剰になります。私は1回レバー5g程度を数日に1回の割合で食べさせていました。

この献立ではレバーや肉、赤身の魚を取り入れているので亜鉛は比較的豊富です。

一方で、日光に当たった時のことを計算に入れていないとはいえ、ビタミンDの不足が気になるところ。この時期から使いやすい食材として「しらす」があげられます。10gでビタミンDが4μg補えますので、しらす粥などにして食べさせるとよさそうです。

そして、いつの月齢でも使いやすいのが「粉ミルク」になります。100㎖あたり鉄0・8㎎程度が含まれます。鉄だけでなく、亜鉛やビタミンD、カルシウム等様々な栄養素がバランスよく含まれていますので、お粥や野菜ペースト、市販のベビーフードに食材としてちょい足しをすることで、足りない栄養を底上げすることができます。

粉ミルク唯一の欠点は「乳アレルギーがあると使いにくいこと」。実は我が家の娘たち

初期献立例３食の合計にちょい足しすると…

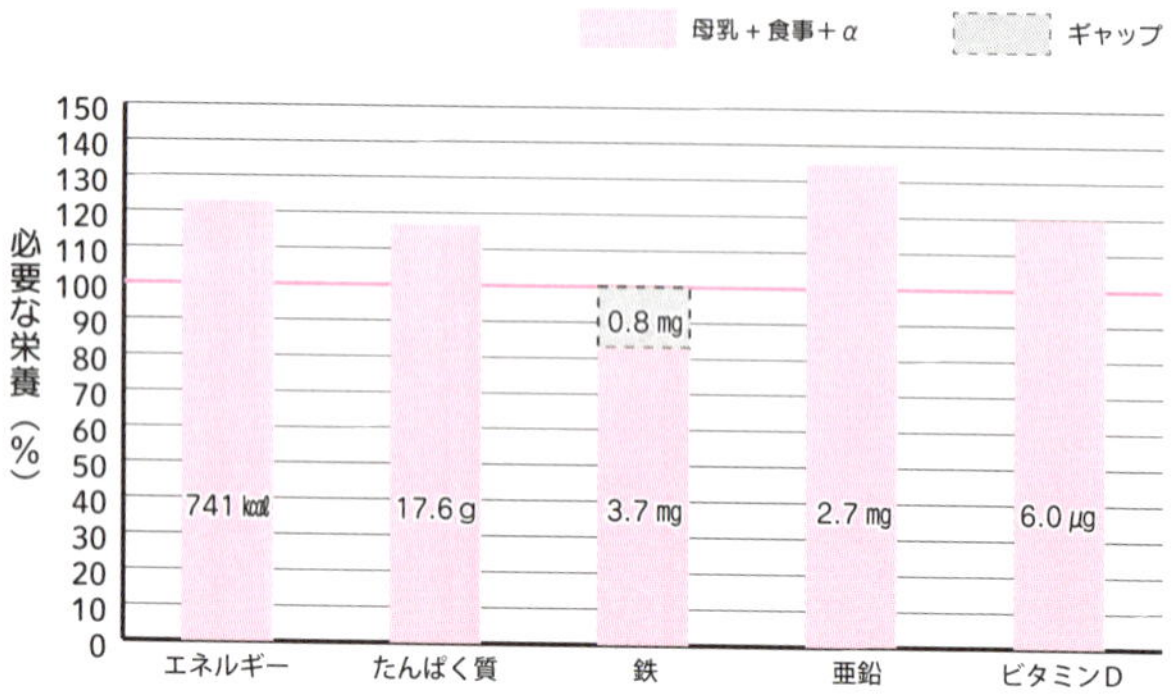

※食事は、日本食品成分表（七訂）、母乳は前述のとおり日本人の食事摂取基準をもとに算出しており、日本食品成分表（人乳）とは異なります。

は補完食（離乳食）の時期、乳アレルギーで一般的な粉ミルクを使うことができませんでした。ただし、乳アレルギーでも使うことができる粉ミルクも複数存在します。乳アレルギーでも、その程度によって合うミルク、合わないミルクがあります。合うものを見つけることができれば、不足しがちな栄養素を補い、料理の幅を広げることができますので、ぜひ主治医の先生と相談してみてください。

上記を踏まえて、先ほどのメニューに「しらす５ｇ」と「粉ミルク１００㎖分」と「赤ちゃんせんべい（２枚）」を加えると、大体の栄養を補完することができます。

中期に生じやすいギャップ

離乳食中期を7〜8ヶ月頃、哺乳量を729㎖（WHO新ガイドラインより）と仮定した場合に生じる、エネルギー、鉄、たんぱく質、ビタミンD、亜鉛のギャップは下のグラフになります（参照データの都合で、初期と中期は同じグラフとなります）。

（あくまでモデルケースであり、個人差がありますので、参考程度にしてください。）

母乳から得られる栄養と必要量のギャップ（中期）

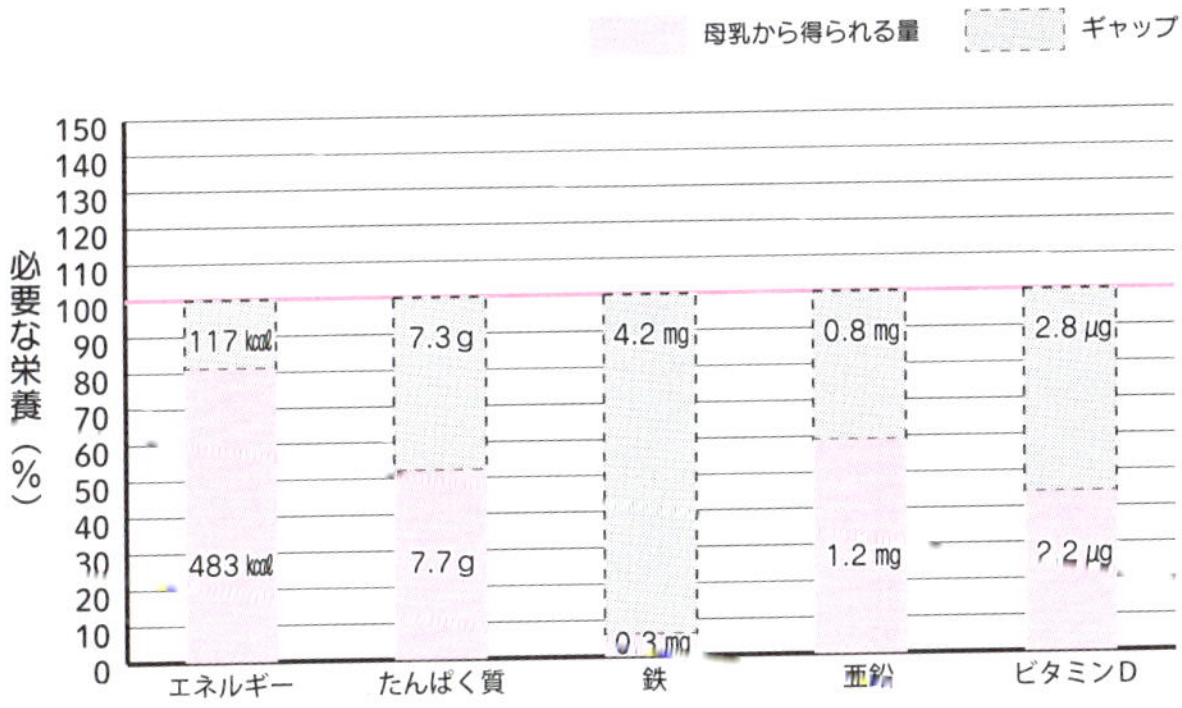

※必要な栄養は「日本人の食事摂取基準（2025年版）」を元に算出。（エネルギーは推定エネルギー必要量、たんぱく質、亜鉛、ビタミンDは目安量、鉄は推奨量）

（男児の場合はエネルギーを＋50kcal足して考えてください）

※母乳成分は「日本人の食事摂取基準（2025年版）」の母乳中濃度、及び授乳婦エネルギー計算根拠における母乳エネルギーを元に算出。ビタミンD濃度は2020年版をもとに算出。日本食品成分表七訂とは異なります。

中期・朝食例

補完食レシピ

にんじんのポリッジ

■材料

にんじんペースト ･････ 10g
オートミール ･････････ 小さじ4（8g）
水 ･･････････････ 大さじ3弱（40mℓ）

■準備

（にんじんペースト）

にんじん1/2本（100 g）は皮を剥き、大きめに切って茹でる。柔らかくなったら、茹で汁大さじ１杯と共にブレンダーなどでペーストにし、小分けにして冷凍する。

■作り方

1. オートミールと水を器に入れ、レンジで全体が膨らむまで加熱する
2. 解凍または準備されたにんじんペーストと1をよく混ぜる

枝豆とパプリカのスープ

■材料

枝豆ペースト（P215）･･ 10g
パプリカペースト ･････ 5g
コンソメスープ ･･････ 50mℓ程度

■準備

（パプリカペースト）

黄パプリカ１個（150 g）は種と軸をとって大きめに切って茹で、茹で汁大さじ１～２杯と共にブレンダーなどでペーストにし、小分けにして冷凍する。

■作り方

1. 解凍などをして準備をした枝豆ペーストとパプリカペーストを小鍋に入れ、水小さじ1（分量外）を入れて、混ぜ合わせる
2. 1にコンソメスープを入れ、ひと煮立ちさせる

エネルギー	たんぱく質	鉄	亜鉛	ビタミンD
62kcal	3.5g	0.6mg	0.3mg	0.0μg

補完食レシピ

中期・昼食例

牛肉とかぼちゃの煮物

■材料

赤身肉ペースト(牛) (P164) ・ 10g
にんじんペースト(P222)・・・ 10g
かぼちゃ・・・・・・・・・・・・・・ 10g
たまねぎ・・・・・・・・・・・・・・ 5g
和風だし ・・・・・・・・・・・・・ 30mℓ
水溶き片栗粉 ・・・・・・・・・ 適量

■準備

(和風だし)

顆粒のものを規定量で溶かすか、かつおぶしなどを使っただしパック(食塩無添加のもの)で煮だす。

■作り方

1. たまねぎは皮を剥いてみじん切りにし、小鍋で水小さじ1(分量外)と共に炒める
2. かぼちゃは皮と種をとり、柔らかくなるまで茹で、粗くつぶす
3. 1と2とペーストを入れ、和風だしを入れて混ぜながら加熱したのち、水溶き片栗粉を入れてひと煮立ちさせる

5倍粥

■材料

5倍粥・・・・・・・・・・・・ 60g

エネルギー	たんぱく質	鉄	亜鉛	ビタミンD
94kcal	2.9g	0.3mg	0.8mg	0.0μg

補完食レシピ

中期・夕食例

卵黄と野菜のクリーム煮

■材料

ゆで卵の卵黄 ・・・・・・・・・ 1/2個分
ブロッコリー・・・・・・・・・・・ 10g
にんじん・・・・・・・・・・・・・ 10g
たまねぎ・・・・・・・・・・・・・ 5g
マッシュポテト(P215)・・・・・ 5g
豆乳・・・・・・・・・・・・・・・ 小さじ2

■準備

(ゆで卵の卵黄)

卵を固茹でにし、卵黄を取り出す。最初のうちは卵白に接していない部分を使うと安心です。

■作り方

1. 小鍋に水(分量外)を入れ、皮を剥いて大き目に切ったにんじんとたまねぎを入れて茹でる。にんじんに竹串が通ったら、ブロッコリーを入れて共に柔らかくなるまで茹でる
2. 1をみじん切りにし、解凍したマッシュポテト、ゆで卵の卵黄、豆乳を混ぜ合わせてレンジ(600W)で10秒加熱する

5倍粥

■材料

5倍粥・・・・・・・・・・・・ 60g

エネルギー	たんぱく質	鉄	亜鉛	ビタミンD
99kcal	3.4g	0.9mg	0.8mg	0.6μg

母乳と中期献立例3食の栄養の合計

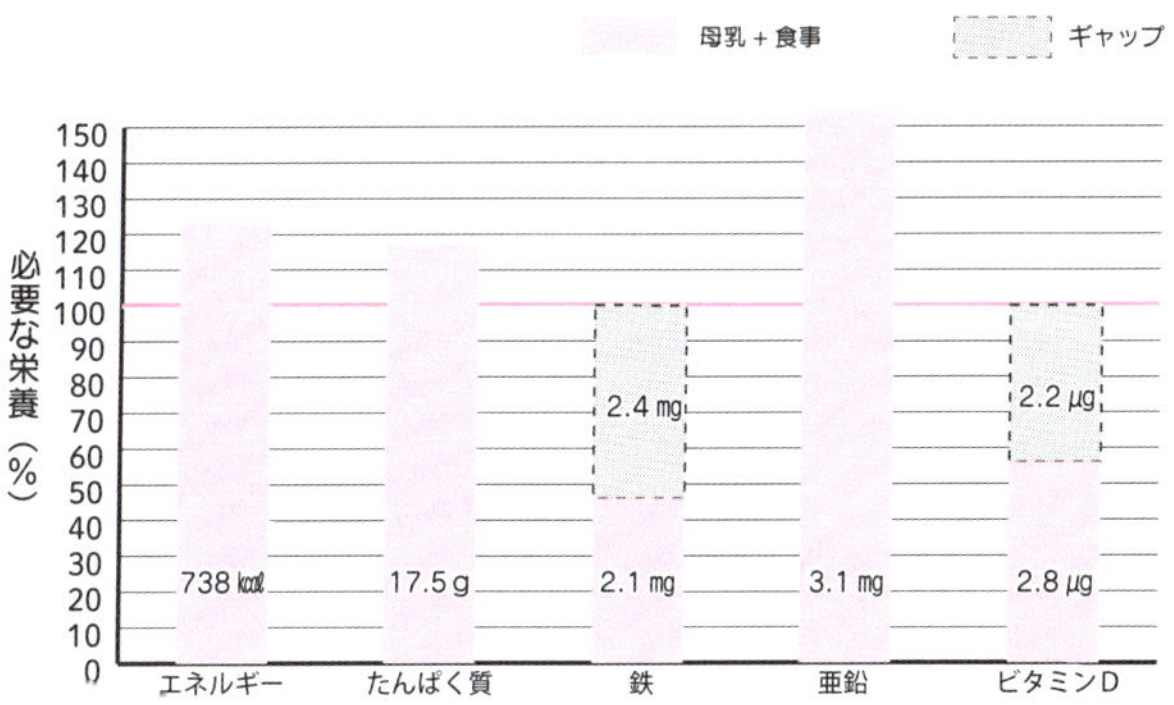

※食事は、日本食品成分表（七訂）、母乳は前述のとおり日本人の食事摂取基準をもとに算出しており、日本食品成分表（人乳）とは異なります。

中期の献立例3食の栄養を合計したものが上記になります。

補完食の場合、早いうちから「スプーンを傾けてもこぼれない」硬さに慣れさせるので、初期と中期のメニューに大きな違いはないように思えるかもしれません。

見た目ではわかりにくいですが、初期のような滑らかなペーストではなく、少し粗くつぶしたものや、柔らかく煮て刻んだ野菜などでも、もぐもぐして飲み込めるようになったな、という印象。

食べる量も若干増えているので、エネルギーは補完できています。牛肉や卵黄を使うことで、亜鉛も比較的豊富。

中期献立例3食の合計にちょい足しすると…

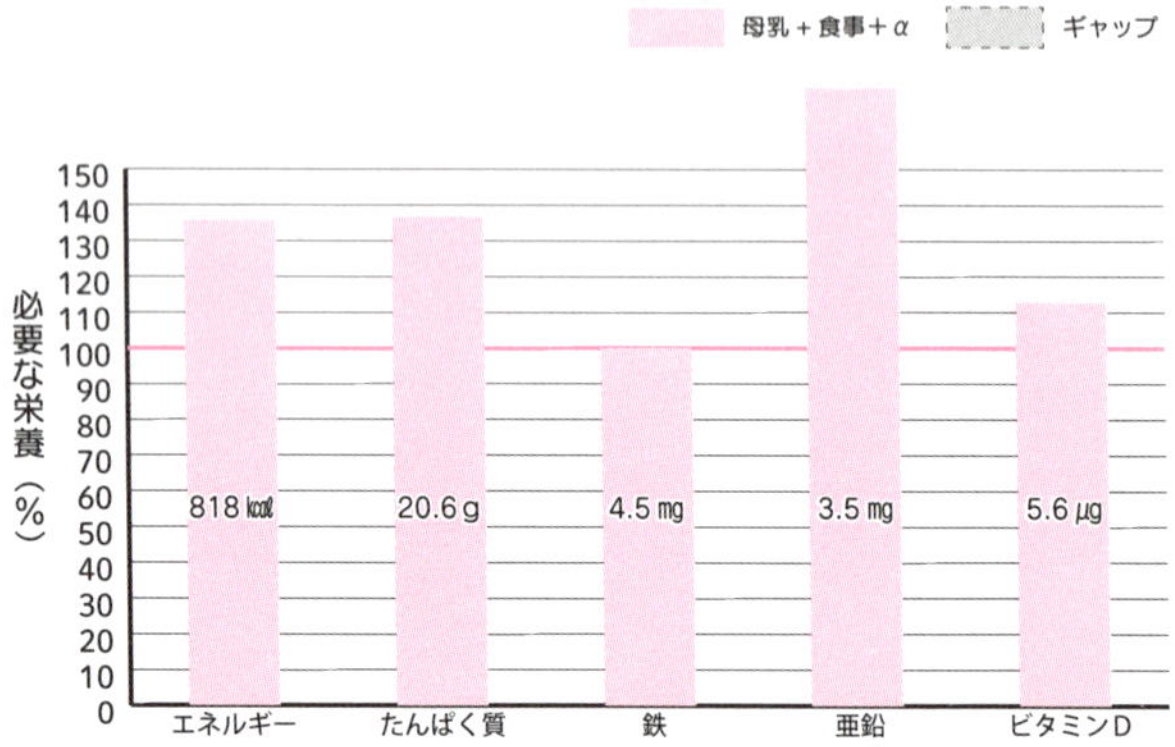

※食事は、日本食品成分表（七訂）、母乳は前述のとおり日本人の食事摂取基準をもとに算出しており、日本食品成分表（人乳）とは異なります。

一方で鉄とビタミンDの不足がやはり気になるところです。初期同様、鉄強化ベビーフードの活用や、粉ミルクの入ったメニューも取り入れるとよいでしょう。

食べることに慣れた頃ですので、その子の食欲と相談しながら1日に1〜2回の「補食」で補うのもありです。

以上を踏まえて、先ほどのメニューに「鮭5g」「粉ミルク100㎖分」「鉄強化ふりかけ1食分」を加えると、大体の栄養を補完することができます。

後期に生じやすいギャップ

離乳食後期を9～11ヶ月頃、哺乳量を675㎖（WHO新ガイドラインより）と仮定した場合に生じる、エネルギー、鉄、たんぱく質、ビタミンD、亜鉛のギャップは下のグラフになります。

初期中期と比較して、必要なエネルギー量が増え、哺乳量が減った分、ギャップが大きくなっているのがわかりますでしょうか。

（あくまでモデルケースであり、個人差がありますので、参考程度にしてください。）

母乳から得られる栄養と必要量のギャップ（後期）

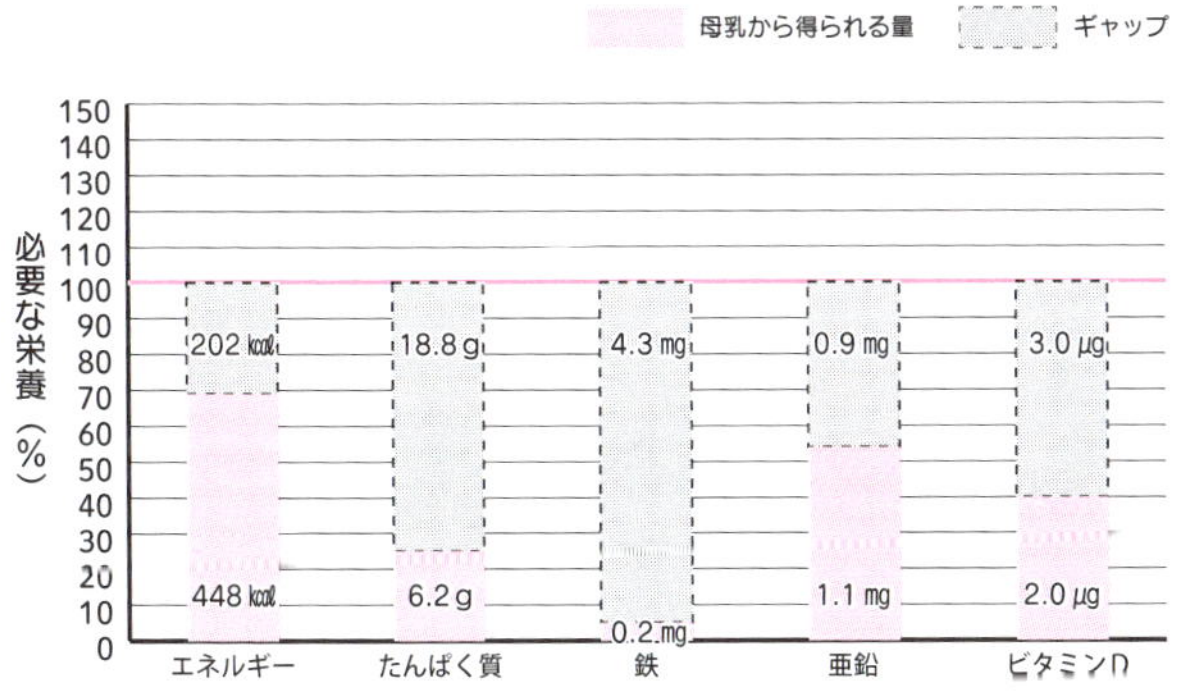

※必要な栄養は「日本人の食事摂取基準（2025年版）」を元に算出。（エネルギーは推定エネルギー必要量、たんぱく質、亜鉛、ビタミンDは目安量、鉄は推奨量）
（男児の場合はエネルギーを＋50㎉足して考えてください）
※母乳成分は「日本人の食事摂取基準（2025年版）」の母乳中濃度、及び授乳婦エネルギー計算根拠における母乳エネルギーを元に算出。ビタミンD濃度は2020年版をもとに算出。日本食品成分表七訂とは異なります。

後期・朝食例

補完食レシピ

食パン

■材料

食パン・・・・・・・・・・・・ 6枚切り1/3枚(12g)

■切り方

耳をとり、一口サイズに切る

バナナ

■材料

バナナ・・・・・・・・・・・・ 1/5本(15g)

■切り方

持ちやすい形(スティック型や5㎜程度のスライス)に切る

とろとろ野菜のミルクペースト

■材料

野菜ペースト・・・・　30g
粉ミルク・・・・・・・・20 mℓ分

■準備

(野菜ペースト)

1. かぼちゃ 50g、にんじん 50g、じゃがいも 50gを良く洗い、皮を剥き、じゃがいもは芽をとる
2. 1を柔らかくなるまで茹で、ブレンダーなどでペーストにし5分の1を取り分けて残りは小分けにして冷凍保存する

■作り方

1. 野菜ペーストは解凍もしくは準備をする
2. 1に溶かした粉ミルクを加える

※粉ミルクにはサカザキ菌などの病原体がいることがあり、70度以上のお湯で調乳する必要があります。サカザキ菌は低出生体重児や新生児等に感染リスクが高いですが、1歳未満の乳児は熱湯(少なくとも70度以上)に溶かしてから調理に使い、調理後すぐに食べさせることをお勧めします。

エネルギー	たんぱく質	鉄	亜鉛	ビタミンD
78㎉	2.0g	0.4mg	0.2㎎	0.2㎍

補完食レシピ

後期・昼食例

とうもろこしリゾット

■材料

軟飯 ・・・・・・・・・・・・・・・ 50g
角切り野菜MIX ・・・・・・・・・ 20g
とうもろこし裏ごし・・・・・・・・・ 10g
豆乳・・・・・・・・・・・・・・・・ 大さじ1

■準備

(角切り野菜MIX)

にんじん100g、たまねぎ100gを柔らかくなるまで茹で、5㎜程度の大きさに切って冷凍にする。


(とうもろこし裏ごし)

コーン缶適量を水切りし、すり鉢でつぶし、裏ごしする。(我が家では生協の冷凍「北海道のうらごしコーン」を使用しています)

■作り方

1. 豆乳以外の材料を全て耐熱容器にいれ、レンジで解凍する
2. 1に豆乳をいれて混ぜ合わせ、ラップをしてレンジ(600W)で約20秒加熱する

しらすとほうれん草あんかけ

■材料

しらす ・・・・・・・・・・・ 大さじ2(10g)
ほうれん草 ・・・・・・・ 10g
和風だし ・・・・・・・・ 大さじ2(30㎖)
片栗粉 ・・・・・・・・・・ 適量

■作り方

1. しらすはお湯で塩抜きし、ほうれん草は茹でてから5㎜程度のサイズに刻む
2. 和風だし、片栗粉を加えてよくかき混ぜ、レンジでふつふつするまで加熱する

エネルギー	たんぱく質	鉄	亜鉛	ビタミンD
103kcal	4.6g	0.4mg	0.6mg	4.6μg

後期・夕食例

牛肉ソーセージもどき

■材料（作りやすい量・赤ちゃんの分は1/15程度）

牛肉ミンチ ········· 170g
卵 ················ 1個
にんじん ··········· 30g
たまねぎ ··········· 20g
片栗粉 ············ 5g
にんにく、しょうが、塩胡椒 ··· おまじない程度

■作り方

1. にんじん、たまねぎは皮を剥き、適当なサイズに切って、ラップをかけレンジで柔らかくなるまで加熱する
2. フードプロセッサー（チョッパー）に1と材料を全部入れて、滑らかになるまでかける
3. 広げたラップに、細長く2を置き、キャンディーを包むように両端をねじってソーセージの形にする
4. 蒸し器などで15～20分蒸す（ホットクックなら蒸し板＆水200㎖入れて「ソーセージ」で作れます）

プルーンポリッジ

■材料

オートミール ········ 大さじ2（12g）
ドライプルーン ······ 1個（10g）
水 ················ 大さじ4

■作り方

1. はさみで細かく刻んだプルーン、水、オートミールを耐熱容器に入れて軽く混ぜる
2. レンジ（600W）で30秒加熱し、一度かき混ぜ、更に30秒ほど加熱。全体がぶわっと膨らんだら加熱を止める

取り分けポテトサラダ

■材料（作りやすい量・赤ちゃんの分は1/4程度）

じゃがいも ········ 小1個（100g）
卵 ··············· 1個

■作り方

1. 卵は水から20分ほど茹で、殻を剥き、フォークで細かくつぶしておく
2. じゃがいもはよく洗って皮を剥き、芽をとってから柔らかくなるまで茹でてつぶしておく
3. 1と2をまぜる

※家族用のポテトサラダを作る際に取り分けるのが便利です

エネルギー	たんぱく質	鉄	亜鉛	ビタミンD
148kcal	6.5g	1.3mg	1.2mg	0.3μg

母乳と後期献立例3食の栄養の合計

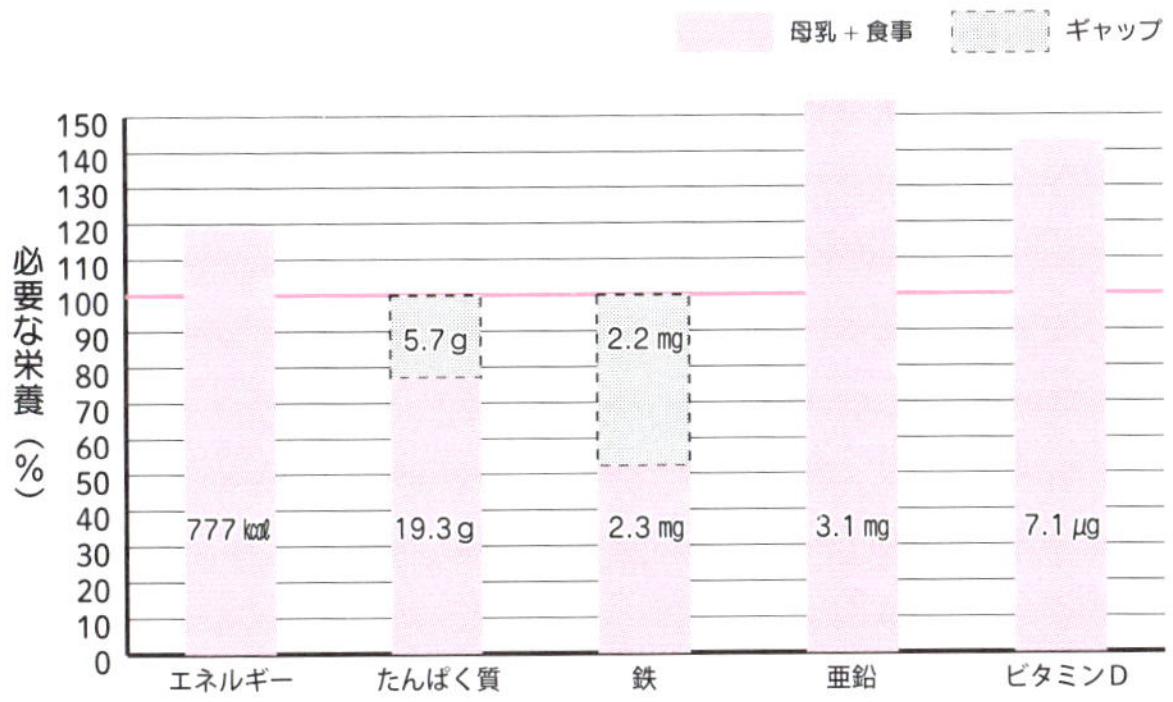

※食事は、日本食品成分表（七訂）、母乳は前述のとおり日本人の食事摂取基準をもとに算出しており、日本食品成分表（人乳）とは異なります。

後期あたりから本当に食べなくなりまして、この時期は「一応作ってるけど食べてない」という記録になります……手づかみじゃなきゃ一切受け付けない時期もあり、かつ、前歯すら生えそろわず、そんな硬いものは食べることができないのにどうやってメニューを組み立てればいいの……？と絶望していた時期です。

作っても食べないので、量もあまり増やせていません。幸い、成長曲線的には小さめながらもぎりぎり範囲内で推移しました。脱線しました。

さて、献立例3食の栄養を合計したものが上記になります。量は増えていませんが、徐々に硬いものが食べられるようになって

後期献立例3食の合計にちょい足しすると…

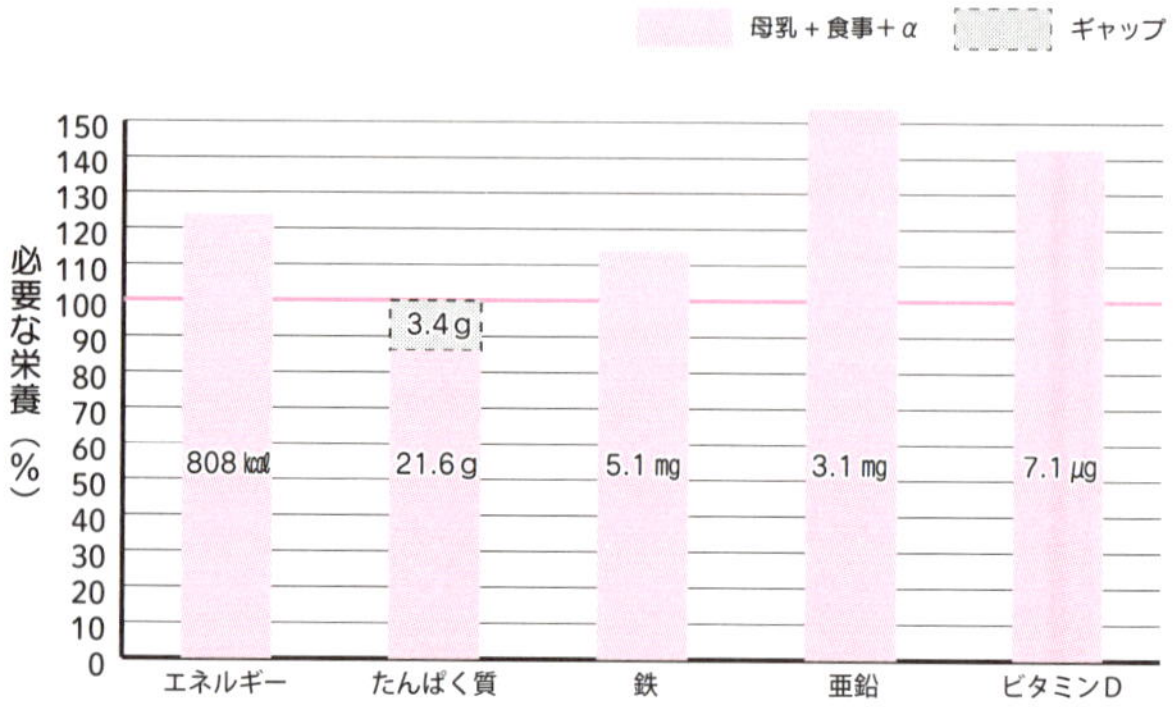

※食事は、日本食品成分表（七訂）、母乳は前述のとおり日本人の食事摂取基準をもとに算出しており、日本食品成分表（人乳）とは異なります。

います。水分が少なめの食事になったため、全体のエネルギーは増加しています。牛肉や卵を使用しているので亜鉛は十分、しらすも使用しているのでビタミンDも多めのメニューとなっています。

粉ミルクも使ったメニューで、鉄もかなり頑張って摂取しています。……が、それでも足りません。鉄を補完するのは本当に難しい……！

3食のみで補おうと思うと難しいので、1日1～2回の補食を上手に使ってください。今回は食事に「鉄強化ふりかけ（約鉄2mg）」、補食として「鉄強化ヨーグルト50g」を加えると、概ね補完することができそうです。

完了期に生じやすいギャップ

離乳食完了期を12~18ヶ月頃、哺乳量を564㎖（WHO新ガイドラインより）と仮定した場合に生じる、エネルギー、鉄、たんぱく質、ビタミンD、亜鉛のギャップは下のグラフになります。

1歳過ぎて哺乳量が更に減少し、栄養の必要量にも変化が生じています。1歳過ぎても、母乳から多くのエネルギーを得ることができていることがわかりますね。

（あくまでモデルケースであり、個人差がありますので、参考程度にしてください。）

母乳から得られる栄養と必要量のギャップ（完了期）

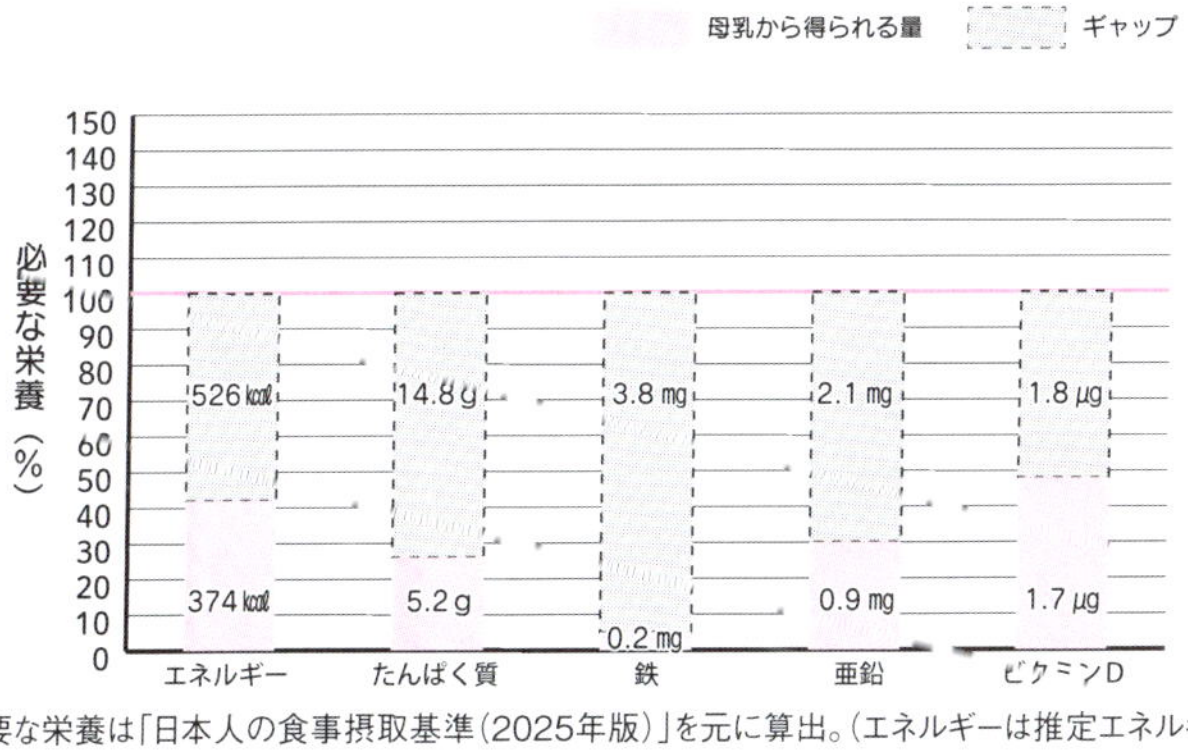

※必要な栄養は「日本人の食事摂取基準（2025年版）」を元に算出。（エネルギーは推定エネルギー必要量、ビタミンDは目安量、たんぱく質、亜鉛、鉄は推奨量）
（男児の場合はエネルギーを＋50㎉、亜鉛を＋0.5㎎足して考えてください）
※母乳成分は「日本人の食事摂取基準（2025年版）」の母乳中濃度、及び授乳婦エネルギー計算根拠における母乳エネルギーを元に算出。ビタミンD濃度は2020年版をもとに算出。日本食品成分表七訂とは異なります。完了期は哺乳量データがないため、母乳中濃度は乳児期の、哺乳量は仮の数値です。

補完食レシピ

完了期・朝食例

食パン ※写真には入っていません

■材料

食パン・・・・・・・・6枚切り1/2枚（18g）

■切り方

耳をとり、一口サイズに切る

いちご

■材料

いちご・・・・・・・・・・・・・15g

■切り方

手づかみしやすい形にカットする。
※丸ごと与える場合は必ず見守り、一口ずつかじりとれるよう介助してください

お野菜オムレツ

■材料

小松菜 ・・・・・・・・・・12g
キャベツ・・・・・・・・・・・4g
たまねぎ・・・・・・・・・・4g
卵（全卵）・・・・・・・・・1/2個
マヨネーズ ・・・・・・・・2g

■作り方

1. たまねぎは皮を剥き、小松菜キャベツと共に柔らかくなるまで茹で、細かく刻む
2. 卵に1、マヨネーズを加えてよくかき混ぜる
3. 2を小分けにできる容器に入れ、ラップをし、レンジ（600W）で1分程度加熱する

※卵のアレルギーがある場合、レンジでは加熱が不十分な可能性があります。心配な方はフライパンを使用するなど工夫をしてください（薄焼きにすると火が通りやすいです）。全卵をクリアしていなければ、卵黄のみで作成してもかまいません。
マヨネーズ以外にも、醤油＋ごま油などでバリエーションを。味付けは薄めで！

エネルギー	たんぱく質	鉄	亜鉛	ビタミンD
111㎉	5.4g	1.0mg	0.5mg	0.5μg

補完食レシピ

完了期・昼食例

粉ミルクのポリッジ

■材料

オートミール・・・・　大さじ2（12g）
粉ミルク・・・・・・・・・・100mℓ分
水・・・・・・・・・・・・・70mℓ

■作り方

1. 茶碗などの耐熱容器にオートミールと水を入れ軽くかき混ぜる
2. レンジ（600W）で50秒加熱する
3. 全体がぶわっと膨らんだら加熱をやめ、「粉ミルクを入れて良くかき混ぜる

きな粉プルーン

■材料

ドライプルーン・・・・・1個（10g）
きな粉・・・・・・・・・・小さじ1弱（2g）
水・・・・・・・・・・・・適量

■作り方

1. プルーンをはさみで細かく刻んで耐熱容器に入れ、ひたひたになる程度に水を加えてレンジ（600W）で30秒加熱
2. きな粉を加えて粉っぽさがなくなるまで混ぜる

※黒蜜きな粉のような味わいのデザートです。うちの娘は大変便秘がちで……海外ではプルーンはオーソドックスな補完食の食材で、ベビーフードとしても発売されています。便秘にもいいかもなと食べさせています（良質なエビデンスに乏しい(85)ようですが、うちの娘にはよく効きました）。

厚揚げの野菜あんかけ

■材料

厚揚げ ……… 25g
ねぎ ……… 5g
小松菜 ……… 5g
醤油 ……… 少々
和風だし(顆粒) ……… 少々
片栗粉 ……… 適量
水 ……… 適量

■作り方

1. 厚揚げをフライパンで炒めて取り出す
2. 小松菜とねぎは細かく刻み、フライパンでしんなりするまで炒める
3. 調味料と水を全て混ぜ、レンジでふつふつするまで加熱する
4. 1をお皿に盛り、その上に3をかける

ソーセージと野菜のスープ

■材料

ソーセージ ……… 1/4個(5g)
にんじん ……… 10g
キャベツ ……… 5g
たまねぎ ……… 5g
コンソメ ……… 適量
水 ……… 適量

■作り方

1. にんじんとたまねぎよく洗って皮を剝く
2. 1とキャベツ、ソーセージを5mm程度に刻み、コンソメを溶かした水で柔らかくなるまで茹でる
3. 水溶き片栗粉を加え、とろみをつける

※実際には、厚揚げの野菜あんかけとソーセージと野菜のスープは家族用に作ったものを具だけ取り分けて小さく刻み、水溶き片栗粉で少しとろみをつけて出しています。

エネルギー	たんぱく質	鉄	亜鉛	ビタミンD
242kcal	9.8g	2.5mg	1.2mg	1.2μg

補完食レシピ

完了期・夕食例

ご飯

■材料

ご飯 ・・・・・・・・・・・・50g

鯖の塩焼き

■材料

鯖 ・・・・・・・・・・・・・・・ 適量

塩 ・・・・・・・・・・・・・・・ 適量

■作り方

1. 鯖に塩をふり、しっかりと焼く
2. 塩が直接ついていない身の中の方を15g程度取り分ける

薄切りきゅうり

■材料

きゅうり ・・・・・・・・・・薄切り5枚（10g）

※ご飯、鯖の塩焼き（取り分け）、ビーフシチュー（取り分け）、きゅうり（取り分け）と完全に家族の料理から取り分けています。ビーフシチューは味付けをしてから具材のみ取り分け、塩焼きの魚は塩が直接ついていない身の中の方を取り分け、きゅうりは薄切りにして味付け前に取り分けています。

ビーフシチュー

■材料（赤ちゃんに取り分ける量の目安）

※大人用はお好みの野菜、肉の量で作り、赤ちゃんにはこのくらいの量で取り分けてください

牛肉（もも）・・・・・・・・10g
にんじん・・・・・・・・・・15g
じゃがいも・・・・・・・・・5g
たまねぎ・・・・・・・・・・5g
ビーフシチューのルー　・適量

■作り方

1.野菜は良く洗って皮を剥き、じゃがいもは芽をとる
2.1と牛肉を一口大に切り、炒める
3.材料がひたひたになるまで水を加え、全てに火が通るまで煮込む
4.ルーを入れて味を調節し、具材のみ取り分ける

※スープやシチュー、カレーはどうしても塩分が多くなりがちなので、味付け前に取り分けるのがベターです。味付け後であれば具材のみを取り出すと、塩分を抑えることができます。いずれにしても一度味見をして、味が濃すぎないか確認してからあげましょう。

エネルギー	たんぱく質	鉄	亜鉛	ビタミンD
182kcal	8.0g	0.7mg	1.1mg	0.6μg

さて、完了期です。後期よりも更に硬いものが食べられるようになり、ほとんど家族の料理から取り分けるようになりました。私の場合、家族の料理からの取り分けは、「楽なら取り分けでいいし、取り分けるのが大変なら別に作る」というスタンスでやっています。

薄味の味付けをした家族の料理から取り分け、様子を見ながら目の前ではさみを使って食べやすいサイズに切ってあげています。食べられないものは取り分けませんし、足りない分は別に作成。

献立例は手作りですが、ベビーフードも大いに活用しています。特に私だけしか食べる人がいない昼ごはんの時はベビーフードが大活躍。生協の冷凍ベビーフードは、「1品足りないけど作るのが大変……」という時に非常に便利です。

うちの場合は、完了期になると、食べムラはかなりあるのですが、中期〜後期の頃の「今日、ほとんど食べてない、のりしか食べてない」という事はなくなりました。とはいえ、食べない時はスプーンやお皿を払いのけられ、食材が宙を舞う日もありますが……。

献立例3食の栄養を合計したものが次のページになります。完了期の水分が少なくなっ

母乳と完了期献立例3食の栄養の合計

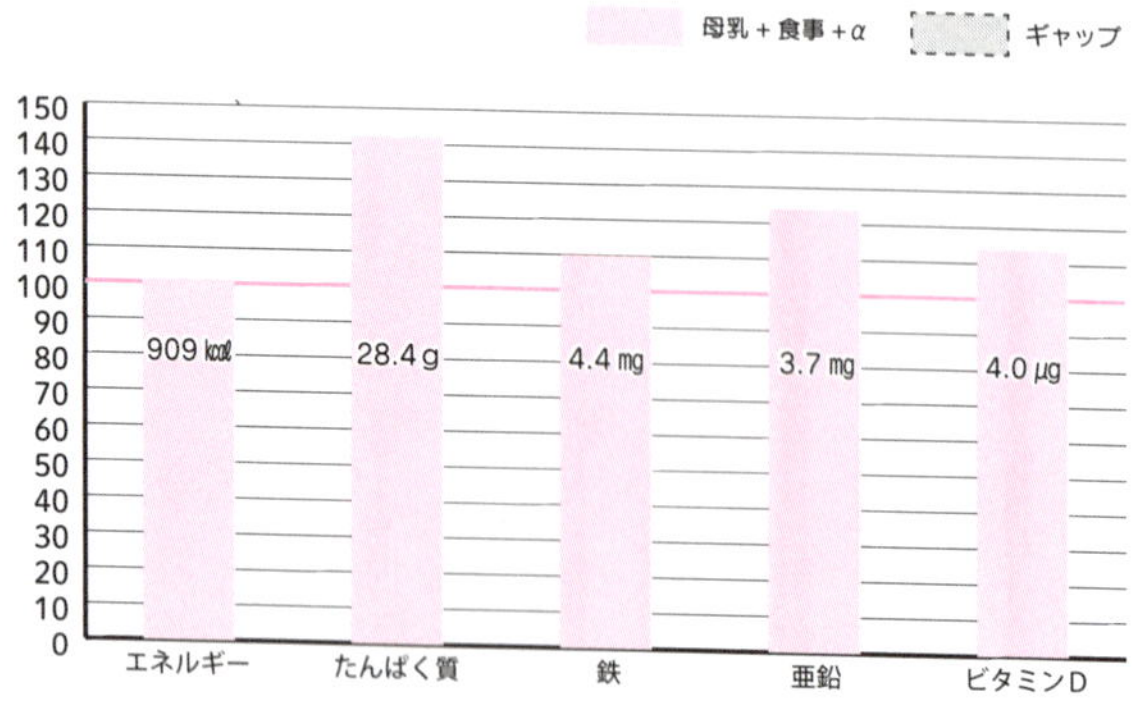

※食事は、日本食品成分表（七訂）、母乳は前述のとおり日本人の食事摂取基準をもとに算出しており、日本食品成分表（人乳）とは異なります。

た分、エネルギーがかなり増えてきています。主食も普通のご飯が食べられるようになりました。

グラフを見るとわかりますが、家族の料理からの取り分けと、少しの工夫（この日の場合は粉ミルクを使ったポリッジが鉄の底上げになっています）で、なんとか栄養が補えました。

しかし、取り分けだけではやはり「鉄」を満たすのは難しく、改めて、WHOの「補完食」[3]で「鉄」の補完について繰り返し書かれている理由がよくわかりました……。

この時期は1日2回程度補食する機会もあると思いますので、鉄を強化したベビー用おやつなども活用してみてくださいね。

グラフには書いてありませんが、うちの娘は牛乳アレルギーがあるため、アレルギー用粉ミルク以外の乳製品を使っていない献立ですので、カルシウムが少なめです。カルシウムが少ない場合は、ヨーグルトやチーズなどの乳製品を使うと手軽に摂取できます。もちろん粉ミルクを調理してもかまいません。

鉄に関しては、1歳を過ぎると鉄を強化したベビーフードやおやつの種類も多くなります。メインのご飯に響かない程度に、上手に補食として取り入れてみてください。ただし、砂糖や塩分、トランス脂肪酸を多く含むものは気をつけて、ですね。お菓子を与えることに抵抗があれば、鉄強化ふりかけを使ったおにぎりなんかでもいいですよ。

※ご注意

各栄養素のギャップと、食事で補完する様子がわかりやすいようにグラフを作成していますが、日本人の補完食を実践した場合のデータが存在していないため、哺乳量はＷＨＯ(116)のデータ、母乳の濃度や各栄養素の必要な量は「日本人の食事摂取基準(２０２５年版)」(18)のデータを組み合わせて作るという、かなりイレギュラーな構成となっています。また、哺乳量や必要な栄養には個人差があり、ＷＨＯのデータと日本人の食事摂取基準にも乖離があります。グラフはあくまでも参考程度にしていただけると幸いです。

補完食の簡単なまとめ

最後に、ここまで随分長くなりましたので、頭の整理をしてもらうために簡単なまとめをしましょう。

● 補完食をスタートするのは栄養が不足してくる生後6ヶ月頃、赤ちゃんの準備が整ったら

● 1日2回滑らかにつぶした5倍粥小さじ1からスタート

・でも最初は10倍粥でもいいし、1日2回が大変なら1回から進めてもOK

・ただし、早めにお粥はステップアップ&お粥以外の食材もスタート

・母乳は減らさずに欲しがるままに与えてOK

● 食材の順番は、補完食の場合はあまり考えなくていい

・必要な栄養が入った食材を意識して選ぼう

・手に入りやすい食材、使いやすい食材を、赤ちゃんが食べやすいように加工しよう

・赤ちゃんに危険な食材はダメ

・進め方に悩んだら、一般的な離乳食の本のやり方でもかまわない(でも鉄が豊富な肉やレバー、赤身の魚を早くスタートできるとよりよい)

● 母乳より濃いものを意識しよう

・薄くてさらさらだと栄養が足りない

・目安はスプーンを傾けても簡単に滴り落ちない程度の濃さを意識しよう

・固すぎて食べにくそうな場合は、もちろん水分を多くしてもOK

・栄養をプラスするために、粉ミルクを食材としてプラスしてみるといいかも

● バランスよく食べよう

・主食だけでなく、動物性食品、野菜、果物、豆類、ナッツ類、種実類も食べよう(1食1食ではなく、1日で、1週間でと全体でバランスがとれていればOK)

・量のイメージは、1歳までは1食あたり1/2カップ強、1歳からは1カップ弱くらい

・わからなければ日本のガイドラインの量を参考にしてもOK

補完食のQ&A

Q1
補完食、「栄養」をどこまで考えて準備してあげたらよいのでしょうか。

A

この本で散々栄養を補完することを書いてきたわけですが、実際にどのくらい考えて準備したらいいか……。

答えは「あなたができる範囲で」で十分だと思います。

一食一食栄養素ごとに計算して……なんていうのは非現実的ですし、そんな時間があったら準備する人の睡眠時間にあててください。休みましょう。

栄養はとても大切なのですが、栄養素だけを見ているとバランスを欠きます。それに、栄養だけを考えた食事が美味しいか、楽しいか……とも私は思うのです。

まずは自分の作りやすいもの、準備しやすいもの、おうちでよく食べるもの、食べさせたいもの……そんなものからスタートでいいと思うんです。

ただ、栄養のことを知っているか、知らないか。これだけで選ぶ食材も変わってくると思います。それだけでも十分「補完食」になるんじゃないかと私は思います。

鉄に関して、アメリカの農務省（ＵＳＤＡ）と保健福祉省（ＨＨＳ）が協力して行ったシステマティックレビューによると、

〝鉄を多く含む補完食や飲料（例えば肉や鉄強化シリアルなど）を摂取すると、鉄の貯蔵が不十分な乳児や母乳育児中の乳児の生後1年間、適切な鉄の状態を維持したり、鉄欠乏を予防したりする助けになるという強力なエビデンスがある〟[4]と結論付けています。鉄を多く含む食品を補完食に取り入れることは、理論上だけでなく、実際に赤ちゃんの鉄の状態を、よい状態に保つことができるということですね。

この本を読んだ方は、もうすでになんとなく「鉄は大事そう」とか「鉄を多く含む食品は……」と思い浮かぶのではないでしょうか。そして、なんとなく、今度の補完食（離乳食）で食べさせてみたいな……と思ってくださっているのではないでしょうか（そうであるととても嬉しいのですが）。

そんなスタートで十分だと私は考えています。用意しても実際に食べるかどうか、それは赤ちゃん次第の部分もありますしね。

この本では科学的な意味合いもあり、数値もたくさん取り上げましたが、あまり細かいことにこだわらず、「そうだ、今日は牛肉でも試してみようかな」と取り入れてもらえたら嬉しいです。

あとはバランスよく、主食と、たんぱく質のおかずと、野菜のおかずを準備する（毎食じゃなくて大丈夫ですよ）。もうそれだけでも十分すぎるほど、「栄養」を考えていることになると思いますよ。

Q2 鉄の添加された食品を与える時の注意事項はありますか。大人向けの鉄サプリを使ってもよいでしょうか。

A

鉄を添加された食品を複数与えることもあると思います。注意事項としては、「摂りすぎ」になります。「日本人の食事摂取基準」では、耐容上限量の設定はされていません。[18]

しかし、鉄を添加された食品以外の食品から摂取できる鉄の量も合わせて考えますと、推奨量（～1歳：4・5㎎1～2歳：4㎎）程度を目安にするといいのではないかと思います。

大人向けの鉄サプリを使うのは、お勧めできません。というのも、まず、大人にとって必要な栄養の量と、赤ちゃんに必要な量は違います。サプリの種類によっては鉄以外のものも含まれていることもあり、どれかが赤ちゃんにとっては過剰になってしまうことがあるのです。

また、サプリと言っても様々な種類があり、あまりお勧めできない類のものも見受けられます（これは赤ちゃんに限らず、大人にとっても、です）。

ですので、もしサプリを使うのであれば、なにかあった時にきちんと対応してくれるとご自身が信頼できるメーカーのものを選ぶこと、そしてメーカーが「離乳食にも使えます」などと明記してあるものを使うようにしてはいかがでしょうか。

国内大手メーカーの赤ちゃん向け鉄サプリは、私が調べた範囲では見つかりませんでした。ですが、鉄を含む「サプリ米」という製品を販売しているハウスウェルネスフーズの公式サイトのQ&A[91]には、〝離乳食で使用しても問題ありません。〟と明記されています。（製品に使われている鉄はベビーフードにも使用されているもので、メーカーの指定通りに作れば過剰になる量ではありません）

家庭でサプリを使う良し悪しについてですが、コクランレビューでは、海外で使用されている微量栄養素粉末（鉄、亜鉛、ビタミンAなどを組み合わせた粉末の分包品。離乳食にふりかけて使用できる）の使用について、2歳未満の小児における貧血や鉄欠乏のリスク低下が認められ、有効な介入方法だと筆者は結論づけています。[92]

この微量栄養素粉末の使用をWHOも推奨していますが[93]、主に使用されているのは栄養失調の危険のある地域のようで、日本にはあてはまりません。ただ、このデータを見る限り、必要な家庭にはそんな選択肢もあっていいんじゃないかなあとは思うところです。

Q3

補完食、手作りじゃないとだめなのでしょうか。

A

いえいえ、別に手作りじゃなくていいと思いますよ。

特に初期の頃の「滑らかなペースト状」にするのは、文明の利器、ブレンダーを使ってもかなり手がかかります。ベビーフードはその点、全く粒もないペーストにしてくれていますので、もう活用するしかないと思います。

安全性について気になる方もいると思いますが、日本ベビーフード協議会（ベビーフードを作っている大手メーカーが集まって運営している団体）はベビーフード、ベビー飲料、ベビーおやつの自主規格を設けており、味付け（塩分）、かたさ・物性の配慮、食品添加物、衛生管理、容器の種類や強度その他、細かい基準を設けて[94]、ベビーフードの品質向上に努めています。安心して使ってよいと私は考えています。

補完食の観点ですと、ちょっと市販のベビーフードはエネルギー密度が低い（エネルギーが母乳よりも少ない）ものが多いのが難点だなと感じています。そのあたりは「ちょい足し」技を使ってみてください（198ページの〝(2)「ちょい足し」して補完食に向いた形にアレンジする〟も参考にしてください）。

ベビーフードでも手作りでも、愛情は同じです。ベビーフードでも、手作りでも、なにが好きかな、次はなにを食べさせようかな、どうやったら食べてくれるかな……と赤ちゃんのためを思って準備するのは同じですよね。後ろめたさなんて感じる必要はありませんよ。

ベビーフードも手作りも利点欠点がありますが、なにを利点と感じるか、欠点と感じるかは一人一人違います。自分が「こっちがいい」と思う方でよいと思いますよ。

補完食でも離乳食でも、最終的な目標は「家族と同じ食卓で、同じものを美味しく食べる」ではないかと思います。それを考えると、ベビーフードを使っていても、家族の食事とは別に補完食を手作りしていても、どこかで家族の食事にシフトしていく時がくるのは同じです。徐々に、「一緒に食べられるなにか」を見つけていってくださいね。

もしあなたが赤ちゃんのために奔走して自分の食事を後回しにしていたとしたら、「一緒に食べられる」と、赤ちゃんのために準備したご飯で、あなた自身もいたわってほしいと思うのです。

家族で美味しく楽しく、食事をしてくださいね。

Q4

1歳半頃までは離乳食の本がありますが、それ以降の幼児食の進め方がわかりません。

A

厚生労働省の「授乳・離乳の支援ガイド」[2]が離乳食完了期（約1歳半頃）までしか書かれていないので、幼児食に関しては公的な基準がないことが、本が少ない原因ではないかと思います。補完食は2歳までという考え方なので、完了期以降の幼児食にも軽く触れておきましょう。

離乳食完了期を過ぎ、ある程度固形物を噛みつぶせるようになり、母乳やミルク以外の食物からエネルギーやその他栄養素の大部分を摂取できるようになっても、「よし、離乳食、完了！」と突然大人と同じものが食べられるわけではありません。大人のご飯を食べるようになるまで、まだまだ幼いお子さんの発達に合わせた食事が必要になります。それが幼児食です。

1歳半頃になると最初の奥歯（第1乳臼歯）が上下生え、[95]本格的に「噛む」ことができるようになってきます。逆に、それまでは前歯や歯茎で食べ物を噛んでいるので、あまり硬いものはお勧めできないんですね。でもまだ「噛みつぶす」ことはできても「すりつぶす」ことは上手にできません。[96]大人と同じものはまだ上手に食べることができないため、離乳食から大人の食事の間をつなぐ「幼児食」が必要になります。

「すりつぶすのは苦手」であることがわかると、例えば炒めた肉やレタスなどの葉野菜を食べるのは難しいだろうな……と想像できますね。他にも、硬すぎるもの、弾力があるものなどもまだまだ難しいでしょう。皮が残る豆やトマトなどもまだ苦手です。取り分けるときは、大人が試しに（歯ですりつぶさずに）数回軽く噛んで、飲み込みやすいか確かめてみるとわかりやすいですよ。

塩分は控えめに。食塩相当で1～2歳は1日3・0g未満が目標量です。[18] 1歳までの1・5gから比べると多く感じるかもしれませんが、食べる量自体も増えていますので、やはり「薄味」が基本です。それでも味付けのバリエーションはかなり広がるでしょう。

大人の食べ物を取り分ける時は、硬いものは軟らかく煮て、皮は剥き、細かく刻み、食べにくければとろみをつけます。幼児食と言っても、やっていることはこれまでと大差ありませんね。

手づかみ食べで練習を重ねていると、フォークやスプーンを使って食べる練習もそろそろできる頃。手づかみ食べと同じく、準備する方はなかなか大変です。自分で食べたい気持ちはあっても、口に入る量はわずかなことも。介助して食べるものと、自分で食べるもの（刺したりすくったりしやすいもの）を分けて準備しておくといいかもしれません。

補完食以降の話になりますが、2歳頃になると、今度は奥の奥歯（第2乳臼歯）が生え始め、上下生えそろうのは2歳半過ぎ。この頃になるとすりつぶすこともできるようになり、やっと大人と同じようなものが食べられるようになります。[96] しかし大人と比べると子供の噛む力はまだまだ弱く、[97][98] 大人と全く同じ硬さのものを食べるのは大変であることは知っておくとよいでしょう。

補完食の間は、母乳やミルクという強い味方がいます。食べる量が少なくても、ある程度の水分や栄養は母乳やミルクから摂取できている……そう思うと、幼児食のスタートも少しハードルが低くならないでしょうか。幼児食レシピの本もいろいろ出ています。これらの知識があれば、レシピ本も活用&応用しやすいと思いますので、参考にしてくださいね。

Q5

従来の離乳食では「この食材は消化に負担がかかるので」というような理由で、遅らせるように書かれた食材がありますが、早く与えて大丈夫でしょうか。

A

「赤ちゃんの消化機能は未発達です。○○は消化に負担がかかるのでこの時期は食べられません」

というような表現は離乳食の本でもよくよく見かけるのですが、これはなかなかの難題です。消化吸収機能・消化管運動は、確かに大人と比べて未熟です。他にも腸内環境とそれに関連したバリア機能も出生後に発達していくものです[99]。例えば腸内細菌叢《そう》が大人と異なるため、はちみつに含まれることがあるボツリヌス菌の芽胞が腸内で増え、乳児ボツリヌス症を起こしてしまうことがあり[100]、赤ちゃんにはちみつを食べさせないよう注意が必要になります。

ただ、（はちみつ等は別として）消化に負担がかかるので食べられない……に関してはどうでしょう。「消化」のどの部分に、なにをもってして「負担」というのか、その言葉自体の定義がわからないので、私にはお答えするのが難しい問題になるのです。例えばトマトを食べさせると便が赤くなったり、にんじんがそのまま便中にあるのを見つけることは離乳食あるあるだと思うのですが、このような消化できていない食品を避けろとはあまり書かれていないんですよね。（ううむ、定義がわからない）欧州食品安全機関の研究[117-123]によると、胃腸や腎の成熟度は、生後かなり早い時期から非液体食物に対応できることを示唆する証拠があるとし、補完食の開始時期に影響しないこと、食品を摂取することが胃と膵臓の酵素の成熟をうながす役割を果たしているようであることを述べています。

ですので、少し視点を変えてみます。「消化に負担」がかかって心配になるのはなんでしょうか。

例えば食物アレルギーに関して言うならば、前述しましたように、むしろ遅らせることで発症リスクが高まるかもしれないお話をしましたね。また、システマティックレビューで、補完食を始める時期とアレルギー疾患（食物アレルギー、アトピー性皮膚炎、喘息、アレルギー性鼻炎）の発症リスクには関係ないという中等度のエビデンスがあり[101]、また、様々な食品の種類と量と、アレルギー疾患のリスクの関係について、生後1年以内（4ヶ月以降）に特定の食品を導入することでアレルギー疾患の発症リスクを上げるというエビデンスもありません[102]。（もちろん、その個人が食物アレルギーを起こすかどうかは別問題ですので、なんらかの症状が出た場合は医療機関でご相談ください）

他にはなにが心配でしょうか。例えば脂質が多すぎると下痢をすることは考えられますね。心配なもの（脂の多い肉など）は少量からスタートして様子をみるとよいと考えます。（もちろん脂質以前に食中毒を起こすような調理法はそもそもいけませんよ）。

ＡＰＰ（アメリカ小児科学会）のサイト[5]では「固形の食品を特定の順序で導入することが赤ちゃんにとって有利であるという医学的な証拠はない」と書かれています。

おそらく、この補完食の本で一番心配されるのが「初期から肉を食べさせてもいいの?」ということかなと思いながら書きました。前述のＡＰＰのサイト[5]では「母乳育児をしている場合、４～6ヶ月に必要とされる鉄や亜鉛の供給源として肉から作られた食事の恩恵をうけやすい」と書かれており、早い時期からの肉の導入を勧めていますし、実際に４ヶ月以降（Stage1）や6ヶ月以降（Stage2）から食べられる肉のベビーフードも発売されています。ヨーロッパでは、30カ国が生後6ヶ月から鉄の豊富な食物（肉、魚、卵）の導入が推奨されています[114]。

日本で肉が離乳食初期から使われないのは、どうも文化的側面が大きいようです。厚生労働省の平成19年の「授乳・離乳の支援ガイド」[1]を策定する際の議事録を見ると、肉を初期から与えることは食習慣上受け入れがたいと記録されており、それ以外（初期から与える医学的なデメリットなど）は言及されていませんでした[103]。

離乳食は文化ですので、無理に初期から肉を与えなくてよい、とも思います。しかし、日本では初期から使える鉄強化した食材が少ない以上、栄養を「補完」するために手に入りやすい肉を活用してほしい、と私は考えています。

ちなみに、２０１９年の「授乳・離乳の支援ガイド」[2]をみても、「初期から肉を食べさせてはいけない」とは一言も書かれていません。〝離乳が進んできたら〟の先に、〝食べやすく調理した脂肪の少ない肉類〟がでてきますが、明確な時期の指定はされていません。また〝適切な時期に離乳を開始し、鉄やビタミンＤの供給源となる食品を積極的に摂取するなど、進行を踏まえてそれらの食品を意識的に取り入れることが重要である。〟と書かれていますので、初期にお肉を食べさせることは、厚生労働省のガイドラインから外れているわけではないと思いますが、いかがでしょうか？
（と、もしかするとこれを読んでくださっている、離乳食の指導をする立場の方や、ベビーフードを開発するメーカーの方にアピールしておきます。ちなみに第３章でレシピを紹介したお肉のペースト、うちの次女は６ヶ月頃からもりもり食べました。）

これは私の印象なのですが、消化というよりも口腔機能（食べる能力）の問題で避けた方がいいという趣旨で書かれている本やサイトが多いように感じます。口腔機能の発達が未熟な分は、調理法で補うことができます。皮を剥いたり、刻んだり、軟らかく煮たり、粗くつぶしたり、滑らかなペーストにしたり……ですね。

ですので、食品の種類よりも、「この子がこの食べ物を問題なく飲み込むには、どう調理したらいいかな？」というところに注目すると、少し気楽になるかもしれません（消化と関係なく、注意すべき食品は第３章に書いていますので参考にしてくださいね）。

Q6 鉄の多いお勧めのおやつはありますか。

A

赤ちゃんにとっての「おやつ」は「補食」です。赤ちゃんの胃は小さいので、3回のご飯ではあまり量をとれません。足りない分を補うのが、補食、おやつです。

ですので、別にお菓子にこだわらず、おにぎりでもハンバーグでも、「ちょっと足りないな」というものを好きに選んで食べさせていいんですよ。

というのが前提としまして……どうしても不足しがちな鉄をおやつで補うのはとてもいいやり方だと思います。

簡単なものですと、鉄を強化したふりかけをつかったおにぎりです。ベビーフードメーカーから数種類発売されています。

他には、赤ちゃんせんべい（野菜のハイハインなど）や、森永製菓のマンナウエハース・ビスケットなど、鉄を強化したお菓子も市販されています。

また、和光堂などが手作り用の素材として、蒸しパンの素やホットケーキミックス、おやきの素を発売しています。こちらも鉄強化されているものがありますので、手作りおやつを作る時に活用できます。

買う時に、パッケージ背面の栄養成分表をちらっと見てみてください。「鉄」の項目があれば、大体鉄を強化しています。購入する時の参考にどうぞ。

補完食に取り入れたい！

栄養素別食品リスト

ご注意

・補完食に使いやすい食材の他、多く含むけれど使いにくい食材も含まれています。

・乾物系は、水分が少ない分、栄養素が多く見えます。実際に使う量は少量ですので、参考値程度に。

・乳児用調製粉乳は粉末の状態です。

・「注意してほしい食材」（122ページ）も参考の上ご利用ください

・「たんぱく質」は脂身の少ない肉や魚、豆類、卵、お麩などを摂ることで補えると思いますので表にはしませんでした。

リスト引用元:日本食品標準成分表2015年版（七訂）追補2018年

〈鉄〉を含む食品リスト

ヘム鉄はレバー、赤身の肉・魚に、非ヘム鉄は豆、卵黄、穀物に多いです。非ヘム鉄は吸収率が悪いですが、ビタミンCや食肉たんぱく質と組み合わせると吸収率がアップします。「鉄」(92ページ)も参考にしてください。

食材名	使いやすい量	含有量(mg)	鉄の種類
あさり(水煮缶)※	10g	2.97	非ヘム鉄/ヘム鉄
豚レバー	10g	1.30	ヘム鉄
鶏レバー	10g	0.90	ヘム鉄
卵黄	10g	0.60	非ヘム鉄
ハツ(鶏)	10g	0.51	ヘム鉄
レンズ豆(茹で)	10g	0.43	非ヘム鉄
牛レバー	10g	0.40	ヘム鉄
オートミール	10g	0.39	非ヘム鉄
青のり(素干し)	0.5g	0.39	非ヘム鉄
納豆	10g	0.33	非ヘム鉄
マトン(ロース)	10g	0.28	ヘム鉄
牛もも(赤肉)	10g	0.28	ヘム鉄
牛かた(赤肉)	10g	0.27	ヘム鉄
牛ヒレ(赤肉)	10g	0.25	ヘム鉄
枝豆(茹で)	10g	0.25	非ヘム鉄
牛かたロース(赤肉)	10g	0.24	ヘム鉄

食材名	使いやすい量	含有量(mg)	鉄の種類
牛ひき肉	10g	0.24	ヘム鉄
大豆(茹で)	10g	0.22	非ヘム鉄
鶏もも(皮なし)	10g	0.21	ヘム鉄
そら豆(茹で)	10g	0.21	非ヘム鉄
ほうれんそう	10g	0.20	非ヘム鉄
卵(全卵)	10g	0.18	非ヘム鉄
焼きふ	5g	0.17	非ヘム鉄
グリンピース(茹で)	10g	0.17	非ヘム鉄
干しえび	1g	0.15	ヘム鉄
ブロッコリー	10g	0.13	非ヘム鉄
絹ごし豆腐	10g	0.12	非ヘム鉄
豆乳	10g	0.12	非ヘム鉄
干しぶどう	5g	0.12	非ヘム鉄
プルーン(乾)	10g	0.10	非ヘム鉄
いりごま	0.5g	0.05	非ヘム鉄
削りかつお節	0.5g	0.03	ヘム鉄

※貝類はあまり離乳食には使いません

〈ビタミンC〉を含む食品リスト

果物、野菜（ブロッコリー、カリフラワー、かぶなど）に多く、水を加えた加熱に弱いです。「ビタミンC」（100ページ）も参考にしてください。

食品名	使いやすい量	含有量 (mg)	食品名	使いやすい量	含有量 (mg)
ブロッコリー（レンジ加熱）	20g	28	ネーブルオレンジ	20g	12
キウイ（黄）	20g	28	ピーマン（炒め）	10g	8
トマピー	10g	20	温州みかん	20g	7
赤パプリカ（炒め）※	10g	18	さつまいも（蒸し）	20g	6
柿（生）	20g	14	じゃがいも（レンジ加熱）	20g	5
キウイ/緑	20g	14	ほうれんそう（茹で）	20g	4
いちご	小1個（20g）	12	バナナ	20g	3

※黄パプリカやオレンジパプリカにもビタミンCは豊富に含まれています

〈亜鉛〉を含む食品リスト

レバー、肉、卵黄に多いです。穀物は亜鉛の供給源には向きません。「亜鉛」（107ページ）も参考にしてください。

食品名	使いやすい量	含有量 (mg)	食品名	使いやすい量	含有量 (mg)
かき（水煮）※	10g	1.8	プロセスチーズ	10g	0.3
輸入牛もも（茹で）	10g	0.8	納豆	10g	0.2
牛かたロース（赤肉）	10g	0.7	ひよこ豆（茹で）	10g	0.2
牛ひき肉	10g	0.5	大豆（茹で）	10g	0.2
牛もも（赤肉）	10g	0.5	きな粉	3g	0.1
豚かたロース（赤肉）	10g	0.4	高野豆腐（水煮）	10g	0.1
煮干し（かたくちいわし）	5g	0.4	あずき（茹で）	10g	0.1

※食中毒の恐れがあるため、もし使用するならば、しっかりと加熱してください

〈ビタミンD〉を含む食品リスト

しらす、きのこ類に多いです。食べ物だけでなく、程よい日光浴も大切です。「ビタミンD」（112ページ）も参考にしてください。

食品名	使いやすい量	含有量（μg）
鮭（秋鮭など）	10g	3.2
まいわし水煮缶	10g	1.3
かれい	10g	1.3
育児用ミルク（粉）	13g（100ml相当）	1.2
めじまぐろ	10g	1.2
しらす干し（微乾燥）	10g	1.2
さんま	10g	1.1
さば水煮缶	10g	1.1
煮干し（かたくちいわし）	5g	0.9
卵黄	10g	0.6
まいたけ	10g	0.5
卵（全卵）	10g	0.2
豚レバー	10g	0.1
干ししいたけ	1g	0.1

〈カルシウム〉を含む食品リスト

乳製品、丸ごと（骨ごと）食べられる魚に多いです。野菜、大豆製品にも含まれますが吸収率はあまりよくありません。「カルシウム」（109ページ）も参考にしてください。

食品名	使いやすい量	含有量（mg）
煮干し（かたくちいわし）	5g	110
干しえび	1g	71
牛乳※	50ml	57
育児用ミルク（粉）	13g（100ml相当）	48
カマンベールチーズ	10g	46
ヨーグルト	30g	36
こまつな	10g	17
オクラ	15g（1本）	14
パルメザンチーズ	1g	13
切干し大根（茹で）	20g	12
大根の葉（茹で）	5g	11
納豆	10g	9
絹ごし豆腐	10g	8
いりごま	0.5g	6

※牛乳は鉄欠乏性貧血予防のため1才までは料理に少量使うのみとします

補完食で使いやすい食材栄養素早見表

	食品名	エネルギーkcal 10gあたり	鉄 mg 10gあたり	たんぱく質g 10gあたり	ビタミンCmg 10gあたり	亜鉛mg 10gあたり	ビタミンAμgRAE 10gあたり	カルシウムmg 10gあたり	ビタミンDμg 10gあたり
主食	5倍粥	7	–	0.1	0	0	0	0	0
	ご飯	17	0	0.3	0	0.1	0	0	0
	食パン(焼き)	28	0.1	0.9	–	0.1	0	2	0
	オートミール	38	0.4	1.4	0	0.2	0	5	0
	うどん(茹で)	11	0	0.3	0	0	0	1	0
豆類、種実類	木綿豆腐	8	0.2	0.7	0	0.1	0	9	0
	高野豆腐(水煮)	12	0.2	1.1	0	0.1	0	15	0
	豆乳	5	0.1	0.4	–	0	0	2	0
	ピーナッツバター	64	0.2	2.1	0	0.3	0	5	0
動物性食品	しらす・微乾燥品	12	0.1	2.5	0	0.2	19	28	1.2
	鶏レバー・生	11	0.9	1.9	2	0.3	1400	1	0
	牛ひき肉・生	27	0.2	1.7	0	0.5	1	1	0
	まぐろ水煮缶	10	0.1	1.8	0	0.1	–	1	0.2
	卵黄(茹で)	39	0.6	1.7	0	0.4	45	15	0.6
緑黄色野菜と果物	にんじん(茹で)	4	0	0.1	0	0	73	3	0
	たまねぎ(茹で)	3	0	0.1	1	0	0	2	0
	ほうれん草(茹で)	3	0.1	0.3	2	0.1	45	7	0
	枝豆(茹で)	13	0.3	1.2	2	0.1	2	8	0
	西洋かぼちゃ(茹で)	9	0.1	0.2	3	0	33	1	0
	じゃがいも(水煮)	7	0.1	0.2	2	0	0	0	0
	赤ピーマン(油いため)	7	0.1	0.1	18	0	9	1	0
	バナナ	9	0	0.1	2	0	1	1	0
	りんご	6	0	0	0	–	1	0	0
	プルーン(乾)	24	0.1	0.3	0	0.1	11	4	0
その他	焼きのり	19	1.1	4.1	21	0.4	230	28	0
	粉ミルク	51	0.7	1.2	5	0.3	56	37	0.9

参考資料

1) 厚生労働省 . 授乳・離乳の支援ガイド .2007(2020-09-26 参照)
https://www.mhlw.go.jp/shingi/2007/03/dl/s0314-17.pdf

2) 厚生労働省 . 授乳・離乳の支援ガイド（2019 年改定版）.2019 (2020-09-26 参照)
https://www.mhlw.go.jp/content/11908000/000496257.pdf

3)World Health Organization. 補完食「母乳で育っている子どもの家庭の食事」. 日本ラクテーション・コンサルタント協会 .2006
https://apps.who.int/iris/bitstream/handle/10665/66389/WHO_NHD_00.1_jpn.pdf?sequence=2

4)Obbagy JE, English LK, Psota TL, Wong YP, Butte NF, Dewey KG, et al. Complementary feeding and micronutrient status: a systematic review. Am J Clin Nutr. 2019;109(7):852S–71S.

5)American Academy of Pediatrics.Starting Solid Foods.HealthyChildren.org(2020-09-26 参照)
https://www.healthychildren.org/English/ages-stages/baby/feeding-nutrition/Pages/Starting-Solid-Foods.aspx

7)World Health Organization. Infant and young child feeding model chapter for textbooks for medical students and allied health professionals. Geneva, 2009.
https://www.ncbi.nlm.nih.gov/books/NBK148957/

8)World Health Organization.Infant and young child feeding.(2020-09-26 参照)
https://www.who.int/news-room/fact-sheets/detail/infant-and young-child-feeding

9)Kramer MS, Kakuma R. Optimal duration of exclusive breastfeeding. Cochrane Database of Systematic Reviews 2012, Issue 8. Art. No.: CD003517. DOI: 10.1002/14651858.CD003517.pub2.

10)Duryea TK. Introducing solid foods and vitamin and mineral supplementation during infancy.(2019-10-08 参照)
https://www.uptodate.com/contents/search.

11) 消費者庁 .「特別用途食品の表示許可等について」の全部改正について　別添　特別用途食品表示許可基準並びに特別用途食品の取扱い及び指導要領 .(2020-11-23 参照)
https://www.caa.go.jp/policies/policy/food_labeling/health_promotion/pdf/food_labeling_cms206_190924_01.pdf

12)Meek JY, Noble L; Section on Breastfeeding. Policy Statement: Breastfeeding and the Use of Human Milk. Pediatrics. 2022 Jul 1;150(1):e2022057988. doi: 10.1542/peds.2022-057988. PMID: 35921640.

13)Meek JY, Noble L. Technical Report: Breastfeeding and the Use of Human Milk. Pediatrics. 2022 Jul 1;150(1):e2022057989. doi: 10.1542/peds.2022-057989. PMID: 35921641.

14) 厚生労働省 . 別表 1　母乳及び乳児用調製粉乳の成分組成と表示の許可基準 .(2019-11-23 参照)
https://www.mhlw.go.jp/file/05-Shingikai-10901000-Kenkoukyoku-Soumuka/0000041888.pdf

15)Ballard O, Morrow AL. Human milk composition: nutrients and bioactive factors. Pediatr Clin North Am 2013;60:49–74.

16) 日本小児科学会栄養委員会報告 . 若手小児科医に伝えたい母乳の話 . 日本小児学会雑誌 2007;111:922-941.

17) 国立感染症研究所 . ボツリヌス症とは .(2019-11-17 参照)
https://www.niid.go.jp/niid/ja/kansennohanashi/7275-botulinum-intro.html

18) 厚生労働省 .「日本人の食事摂取基準（2025 年版）」策定検討会報告書 (2024-10-13 参照)
https://www.mhlw.go.jp/stf/newpage_44138.html

19)WHO.Infant and young child feeding(2019-11-17 参照)
https://www.who.int/en/news-room/fact-sheets/detail/infant-and-young-child-feeding

20)Institute of Medicine. Food and Nutrition Board. Dietary Reference Intakes for Vitamin A, Vitamin K, Arsenic, Boron, Chromium, Copper, Iodine, Iron, Manganese, Molybdenum, Nickel, Silicon, Vanadium and Zinc. Washington, DC: National Academy Press, 2001.

21) 厚生労働省「統合医療」に係る情報発信等推進事業 . 鉄｜海外の情報｜医療関係者の方へ .「統合医療」情報発信サイト .(2019-12-15 参照)
https://www.ejim.ncgg.go.jp/pro/overseas/c03/07.html

22)Oregon State University. 鉄 .Linus Pauling Institute(2019-12-15 参照)
https://lpi.oregonstate.edu/jp/mic/ ミネラル / 鉄

23)Lozoff B. Iron deficiency and child development. Food Nutr Bull. 2007;28(4)

24) 日本新生児成育医学会 . 新生児に対する鉄剤投与のガイドライン 2017.

25)Robert D. Baker, Frank R. Greer, The Committee on Nutrition.Diagnosis and Prevention of Iron Deficiency and Iron-Deficiency Anemia in Infants and Young Children (0–3 Years of Age).Pediatrics Nov 2010, 126 (5) 1040-1050

26)Wang B, Zhan S, Gong T, Lee L. Iron therapy for improving psychomotor development and cognitive function in children under the age of three with iron deficiency anaemia. Cochrane Database of Systematic Reviews 2013, Issue 6. Art. No.: CD001444. DOI: 10.1002/14651858.CD001444.pub2.

27) 小島彩子，尾関彩，中西朋子・他 . 食品中ビタミンの調理損耗に関するレビュー (その 2) (ナイアシン，パントテン酸，ビオチン，葉酸，ビタミン C).　ビタミン 201:79:187-112

28) 消費者庁 . 特別用途食品の表示許可基準 .(2019-12-23 参照)
https://www.caa.go.jp/policies/policy/food_labeling/health_promotion/pdf/syokuhin1539.pdf

29) 厚生労働省「統合医療」に係る情報発信等推進事業 . 亜鉛｜海外の情報｜医療関係者の方へ . 統合医療」情報発信サイト (2019-12-23 参照)
https://www.ejim.ncgg.go.jp/pro/overseas/c03/19.html

30) 日本臨床栄養学会編 . 亜鉛欠乏症の診療指針 2018

31)Food and Nutrition Board, Institute of Medicine. Zinc. In: Institute of Medicine, ed. Dietary reference intakes for vitamin A, vitamin K, arsenic, boron, chromium, copper, iodine, iron, manganese, molybdenum, nickel, silicon, vanadium, and zinc. National Academies Press, Washington D. C., 2001:442 — 501.

32)Kamao M, Tsugawa N, Suhara Y, et al. Quantification of fat-soluble vitamins in human breast milk by liquid chromatography-tandem mass spectrometry. J Chromatogr B Analyt Technol Biomed Life Sci 2007; 859: 192 — 200.

34) 和光堂 . 赤ちゃん通信 No.21(2019-12-23 参照)
https://www.wakodo.co.jp/company/babyreport/021.html

35) 厚生労働省「統合医療」に係る情報発信等推進事業 . カルシウム｜海外の情報｜医療関係者の方へ .「統合医療」情報発信サイト　(2019-12-23 参照)
https://www.ejim.ncgg.go.jp/pro/overseas/c03/01.html

36) 井戸田正 . 母乳の成分 : 日本人の人乳組成に関する全国調査 —人工乳の目標として— . 産婦人科の実際 2007:56 315 — 25.

37) 厚生労働省「統合医療」に係る情報発信等推進事業 . ビタミン D｜海外の情報｜医療関係者の方へ .「統合医療」情報発信サイト (2019-12-23 参照)
https://www.ejim.ncgg.go.jp/pro/overseas/c03/17.html

38)Centers for disease control and prevention.Vitamin D | Breastfeeding.(2019-12-23 参照)
https://www.cdc.gov/breastfeeding/breastfeeding-special-circumstances/diet-and-micronutrients/vitamin-d.html

39)Carol L. Wagner, Frank R. Greer.Prevention of Rickets and Vitamin D Deficiency in Infants, Children, and Adolescents. Pediatrics Nov 2008, 122 (5) 1142-1152

40) 国立環境研究所　地球環境研究センター . ビタミン D 生成・紅斑紫外線量情報 (2019-12-23 参照)
http://db.cger.nies.go.jp/dataset/uv_vitaminD/ja/index.html

41) 厚生労働省 . 食中毒 (2020-02-09 参照)
https://www.mhlw.go.jp/stf/seisakunitsuite/bunya/kenkou_iryou/shokuhin/syokuchu/index.html

42) 厚生労働省 . 腸管出血性大腸菌Ｑ & Ａ (2020-03-29 参照)
https://www.mhlw.go.jp/stf/seisakunitsuite/bunya/0000177609.html

43) 消費・安全政策課 微生物チーム 春名 美香 . 鶏卵のサルモネラ属菌 汚染低減に向けた取組 平成 25 年 6 月 28 日 農林水産省食品安全セミナー (微生物編)　資料 2-4(2020-02-09 参照)
https://www.maff.go.jp/j/syouan/seisaku/risk_manage/seminar/pdf/siryou2-4_egg-salmonella.pdf

44) 消費者庁 . 食品による子供の窒息事故に御注意ください！
-6 歳以下の子供の窒息死事故が多数発生しています -(2020-02-09 参照)
https://www.caa.go.jp/policies/policy/consumer_safety/release/pdf/170315kouhyou_1.pdf

45) 食品安全委員会 . 食べ物による窒息事故を防ぐために (2020-02-09 参照)
https://www.fsc.go.jp/sonota/yobou_syoku_jiko2005.pdf

46) 日本小児科学会 .No.049　ブドウの誤嚥による窒息（1）.Injury Alert（傷害速報）(2020-02-09 参照)
https://www.jpeds.or.jp/modules/injuryalert/index.php?did=56

47) 日本小児科学会 .No.049　ブドウの誤嚥による窒息（2）.Injury Alert（傷害速報）(2020-02-09 参照)
https://www.jpeds.or.jp/modules/injuryalert/index.php?did=58

48) 日本小児呼吸器学会　気道異物事故予防ワーキンググループ . 小児の気道異物事故予防ならびに対応 (2020-02-09 参照)
http://jspp1969.umin.jp/ind_img/cc03.pdf

49) 国民生活センター . ソフトタイプのこんにゃく入りゼリーでも窒息事故　幼児には与えない方が無難 (発表情報) (2020-02-09 参照)
http://www.kokusen.go.jp/news/data/a_W_NEWS_063.html

50) 農林水産省 . ミニカップタイプのこんにゃくゼリーにご注意！ (2020-02-09 参照)
https://www.maff.go.jp/j/konjac_jelly/

51)Fewtrell M, Bronsky J, Campoy C, Domellöf M, Embleton N, Fidler Mis N, Hojsak I, Hulst JM, Indrio F, Lapillonne A, Molgaard C Complementary Feeding: A Position Paper by the European Society for Paediatric Gastroenterology, Hepatology, and Nutrition (ESPGHAN) Committee on Nutrition. J Pediatr Gastroenterol Nutr. 2017;64(1):119.

52) 農林水産省 . 消費者の部屋通信 (10 月分)　(2020-02-09 参照)
https://www.maff.go.jp/j/heya/annai/tusin/pdf/tusin_0810.pdf

53) 貝沼やす子 . 調理科学からみた粥の性状 . 農業機械学会誌 .2007;69(2)8-11

54) 文部科学省 . 日本食品標準成分表 2015 年版（七訂）

55) 江上 いすず　岡本 夏子編 . わかりやすい疾患別栄養ケア・マネジメント―献立から指導まで , 学建書院 .2016

56) 貝沼やす子 . 加水量が異なる米飯から調製した粥の性状 . 日本家政学会誌 .2006;57(4):199-207

57) 東京都福祉保健局 . お粥（全粥・七分粥・五分粥・三分粥・重湯）(2020-03-09 参照)
https://www.fukushihoken.metro.tokyo.lg.jp/smph/nisitama/hokeneiyou/koureisya_frailty/recipe/porridge.html

58) まつや株式会社 . おいしいお米をさらにおいしく！　素材のこだわりと独自製法。(2020-03-09 参照)
https://www.niigata-matsuya.co.jp/feature/02-matsuyas-speciality/

59) 日本食品製造合資会社（日食）.Oatmeal ｜オートミール｜オートミールとは (2020-03-09 参照)
http://www.nihonshokuhin.co.jp/oats/oatmeal.html

61) マメックス . 冷凍豆腐って？ (2020-03-23 参照)
http://www.mamex.co.jp/reitoutofutte.html

62)Du Toit G1, Roberts G, Sayre PH, Bahnson HT, Radulovic S, Santos AF, Brough HA, Phippard D, Basting M, Feeney M, Turcanu V, Sever ML, Gomez Lorenzo M, Plaut M, Lack G; LEAP Study Team.Randomized Trial of Peanut Consumption in Infants at Risk for Peanut Allergy.N Engl J Med. 2015 Feb 26;372(9):803-13.

63)American Academy of Pediatrics.New guidelines detail use of'infant-safe' peanut to prevent allergy .2017 (2020-03-23 参照)
https://www.aappublications.org/news/2017/01/05/PeanutAllergy010517

64) 駒場千佳子 , 日笠志津 , 高橋敦子 . 豚レバーの調理による鉄分量の変化と食味の違いについて . 日本調理科学会誌 .2000;33(2):229-235

65) 瀬戸美江 , 蒲原しほみ , 藤本健四郎 . レバーソテーのにおいに及ぼす調理温度の影響 . 日本調理科学会誌 .2003;36(1):2-7

66) 神奈川県衛生研究所 . 食物アレルギーによる発症予防事業　総合研究報告書 . (2020-03-23 参照)
http://www.eiken.pref.kanagawa.jp/004_chousa/images/061206_allergyreport.pdf

67) 厚生労働省 . ヒスタミンによる食中毒について (2020-03-23 参照)
https://www.mhlw.go.jp/stf/seisakunitsuite/bunya/0000130677.html

68) 消費者庁 . ヒスタミン食中毒 (2020-03-23 参照)
https://www.caa.go.jp/policies/policy/consumer_safety/food_safety/food_safety_portal/topics/topics_003/

69) 下村道子 . 魚の食文化と調理 ―伝統的魚料理から見た和食文化― . 日本食生活学会誌 .2016;27(2):87-91

70) 鈴木たね子 . 赤身の魚と白身の魚 . 調理科学 .1976;9(4):182-187

71) 農林水産省 . 特集 1　だから、お魚を食べよう！（1） (2020-03-23 参照)
https://www.maff.go.jp/j/pr/aff/1401/spe1_01.html

72) 河野 勇人 . マグロ血合い肉の商品化への取り組み . 食品と開発 .2014.;49(1):78

73) 命のツナ - マグロの鉄太郎 -. 岡山市場ネット (2020-11-25 参照)
http://mekiki.pro/?pid=138440219

74) 厚生労働省 . 緑黄色野菜 .e- ヘルスネット (2020-03-23 参照)
https://www.e-healthnet.mhlw.go.jp/information/dictionary/food/ye-037.html

75) 農畜産業振興機構 . 野菜ブック (2020-03-23 参照)
https://www.alic.go.jp/y-suishin/yajukyu01_000313.html

78)Melvin B. Heyman, Steven A. Abrams, SECTION ON GASTROENTEROLOGY, HEPATOLOGY, AND NUTRITION and COMMITTEE ON NUTRITION.Fruit Juice in Infants, Children, and Adolescents: Current Recommendations.Pediatrics. 2017;139(6)

79) 環境省 . エコチル調査でわかったこと｜調査の成果｜エコチル調査 .(2020-04-20 参照)
https://www.env.go.jp/chemi/ceh/results/summary.html

80)Osamu Natsume, Shigenori Kabashima, Junko Nakazato, Kiwako Yamamoto-Hanada, Masami Narita, Mai Kondo, et al.Two-step egg introduction for prevention of egg allergy in high-risk infants with eczema (PETIT): a randomised, double-blind, placebo-controlled trial.Lancet. 2017 JANUARY 21;389:276–86.

81) 日本小児アレルギー学会. 鶏卵アレルギー発症予防に関する提言 (2020-04-20 参照)
https://www.jspaci.jp/uploads/2017/06/teigen20170616.pdf

82) 伊藤節子. 抗原量に基づいて「食べること」を目指す　乳幼児の食物アレルギー. 東京：診断と治療社, 2012

83) 農林水産省.「日本型食生活」のススメ (2020-04-20 参照)
https://www.maff.go.jp/j/syokuiku/nihon_gata.html

84) 世界保健機関 / 国連食糧農業機関共同作成.「乳児用調製粉乳の安全な調乳、保存及び取扱いに関するガイドライン」.2007

85) 日本小児栄養消化器肝臓学会　日本小児消化管機能研究会編. 小児慢性機能性便秘症診療ガイドライン. 診断と治療社 .2013:50-58

86) 弘中祥司. 食べる機能の発達. 日本小児栄養消化器肝臓学会編.　小児臨床栄養学　改訂第2版. 診断と治療社 .2018:16-19

87) 田村文誉, 歯科からみた口腔機能発達とその支援. 小児科臨床 .2019;72(8):971-975

88) 海老澤元宏, 伊藤浩明, 藤澤隆夫監修.　日本小児アレルギー学会食物アレルギー委員会作成.　食物アレルギー診療ガイドライン 2021.　東京：協和企画 ;2021.

89) 令和6年度食物アレルギーに関連する食品表示に関する調査研究事業報告書.　消費者庁 ,2024 (2025-01-12 参照)
https://www.caa.go.jp/policies/policy/food_labeling/food_sanitation/allergy/assets/food_labeling_cms204_241031_1.pdf

91) ハウスウェルネスフーズ. 栄養強化米公式ブランドサイト (2020-11-25 参照)
https://www.house-wf.co.jp/eiyoukyoukamai/

92)Suchdev PS, Jefferds MED, Ota E, da Silva Lopes K, De-Regil LM. Home fortification of foods with multiple micronutrient powders for health and nutrition in children under two years of age. Cochrane Database of Systematic Reviews 2020, Issue 2. Art. No.: CD008959. DOI: 10.1002/14651858.CD008959.pub3.

93)World Health Organization. Multiple micronutrient powders for point-of-use fortification of foods consumed by children 6–23 months of age
https://www.who.int/elena/titles/micronutrientpowder_infants/en/

94) 日本ベビーフード協議会. 安全・安心への取り組み｜ベビーフード自主規格 .(2020-09-28 参照)
https://www.baby-food.jp/standard/food.html

95) 日本小児歯科学会. 日本人小児における乳歯・永久歯の萌出時期に関する調査研究, 小児歯科学雑誌

96) 小児科と小児歯科の保健検討委員会. 歯からみた幼児食の進め方. 小児保健研究 .2007;66(2):352-354

97) 殿内真知子ら. 成長発達期における咬合力の増大にかかわる各種要因　第1報　全身的発達要因および歯科的要因との関係. 小児歯科学雑誌 .1995;33(3):449-467

98) 児玉千加子. 年齢別平均咬合力と年齢変化について―簡便な咬合力測定法による咬合力の定量的評価―. 第13回日本咀嚼学会抄録集 .2003;12(2):128-129

99) 清水俊明. 消化器官の発達. 日本小児栄養消化器肝臓学会編. 小児臨床栄養学　改訂第2版. 診断と治療社 .2018:16-19

100) 国立感染症研究所 .<特集>ボツリヌス症 2008年1月現在 .IASR 2008;29(2):35-36(2020-09-28 参照)
http://idsc.nih.go.jp/iasr/29/336/tpc336-j.html

101) Obbagy JE, English LK, Wong YP, Butte NF, Dewey KG, Fleischer DM, et al. Complementary feeding and food allergies, atopic dermatitis and eczema, asthma, and allergic rhinitis: a systematic review. Am J Clin Nutr. 2019;109(7):890S–934S.

102)English LK, Obbagy JO, Wong YP, Butte NF, Dewey KG, Fox MK, Greer FR, Krebs NK, Scanlon KS, Stoody EE, et al. Types and amounts of complementary foods and beverages consumed and growth, size, and body composition: a systematic review. Am J Clin Nutr. 2019;109(7):956S–77S.

103) 厚生労働省 .06/11/30「授乳・離乳の支援ガイド（仮称）」策定に関する研究会　第２回議事録 .(2020-11-14 参照)
https://www.mhlw.go.jp/shingi/2006/11/txt/s1130-1.txt

104)Glenn Cardwell, Janet F Bornman, Anthony P James, Lucinda J Black.A Review of Mushrooms as a Potential Source of Dietary Vitamin D.Nutrients.2018 Oct 13;10(10):1498

105) 桐渕壽子 . 紫外線照射による各種キノコ中のビタミン D2　含量に関する研究 . 日本家政学会誌 .1990;41(5):401-406

106) 竹内 敦子 , 岡野 登志夫 , 和田 知子 , 須藤 都 , 新谷 有美 , 小林 正 . 日光照射によるシイタケ中のビタミン D_2 増量効果 . ビタミン .1991;65(3):121-124

107) 農林水産省 . 有害化学物質含有実態調査結果データ集（平成 27 ～ 28 年度）.(2020-11-14 参照)
https://www.maff.go.jp/j/press/syouan/seisaku/180727.html

108)Lack G. Epidemiologic risks for food allergy. J Allergy Clin Immunol 2008; 121: 1331-6

109) 戸田千 . 赤ちゃんにミルクをあげながら母乳育児を続ける方法 (お母さん編) . やわらかな風の吹く場所に：母乳育児を応援 (2020-11-22 参照)
https://smilehug.exblog.jp/17807220/

110) 教えてドクター！　制作運営チーム . 補完食（離乳食）.2019(2020-11-14 参照)
https://oshiete-dr.net/pdf/201905rinyu.pdf

111)Guiding principles for feeding non-breastfed children 6-24 months of age. Geneva: World Health Organization; 2005.(2020-12-4 参照)
https://apps.who.int/iris/bitstream/handle/10665/43281/9241593431.pdf

112) 厚生労働省『「統合医療」に係る情報発信等推進事業』. 厚生労働省 eJIM | カルシウム | サプリメント・ビタミン・ミネラル | 医療関係者の方へ .「統合医療」情報発信サイト (2020-12-04 参照)
https://www.ejim.ncgg.go.jp/pro/overseas/c03/01.html

113)WHO/UNICEF. Complementary feeding of young children in developing countries: a review of current scientific knowledge. Geneva: World Health Organization, (WHO/NUT/98.1), 1998.

114)Q, Breda J, Fewtrell M, Weber MW. National Recommendations for Infant and Young Child Feeding in the World Health Organization European Region. J Pediatr Gastroenterol Nutr. 2020;71(5):p 672-678

115)World Health Organization.
WHO advises not to use non-sugar sweeteners for weight control in newly released guideline(2024-10-03 参照)
https://www.who.int/news/item/15-05-2023-who-advises-not-to-use-non-sugar-sweeteners-for-weight-control-in-newly-released-guideline

116) World Health Organization.WHO Guideline for complementary feeding of infants and young children 6-23 months of age. World Health Organization; WHO. 2023. Accessed January 18, 2024.
https://www.who.int/publications/i/item/9789240081864

117)European Society for Paediatric Gastroenterology, Hepatology & Nutrition (ESPGHAN), European Academy of Paediatrics (EAP), European Society for Paediatric Research (ESPR), et al. World Health Organization (WHO) guideline on the complementary feeding of infants and young children aged 6 − 23 months 2023: a multisociety response. J Pediatr Gastroenterol Nutr. 2024; 79: 181-188. doi:10.1002/jpn3.12248
https://onlinelibrary.wiley.com/doi/10.1002/jpn3.12248

118)American Academy of Pediatrics.Is Your Baby Hungry or Full? Responsive Feeding Explained(2024-10-13 参照)
https://www.healthychildren.org/English/ages-stages/baby/feeding-nutrition/Pages/Is-Your-Baby-Hungry-or-Full-Responsive-Feeding-Explained.aspx

119)Pérez-Escamilla, R., Segura-Pérez, S. and Lott, M. (2017). Feeding Guidelines for Infants and Young Toddlers: A responsive parenting approach, Robert Wood Johnson Foundation, Princeton, NJ.

120)Ellyn Satter published at EllynSatterInstitute.org. Raise a healthy child who is a joy to feed(2024-10-13 参照)
https://www.ellynsatterinstitute.org/how-to-feed/the-division-of-responsibility-in-feeding/

121) 大山牧子 . 子どもの偏食外来　いつもの小児科外来や健診で役立つヒント . 東京 : 診断と治療社, 2023

122)Rios-Leyvraz M, Yao Q. The Volume of Breast Milk Intake in Infants and Young Children: A Systematic Review and Meta-Analysis. Breastfeed Med. 2023 Mar;18(3):188-197.

123)EFSA Panel on Nutrition, Novel Foods and Food Allergens (NDA). Appropriate age range for introduction of complementary feeding into an infant's diet. EFSA J. 2019; 17:e05780.

124) 慶應義塾大学医学部・国立成育医療研究センター .「卵黄」を食べて数時間後に嘔吐などを繰り返す赤ちゃんは注意. (2022-02-13　参照)
https://www.ncchd.go.jp/press/2020/pr20201015.pdf

おわりに

最後までお読みいただき、ありがとうございました！

書きたいことがたくさんあって、大変盛りだくさんな内容になりましたが、いかがでしたでしょうか。本書だけでも補完食を実践できるようにと手を尽くしましたが、あと一冊、ライフスタイルに合いそうな離乳食のレシピ本などを買うと、より楽に補完食を実践できるのではないかと思います。

ページ数の制限があるため、手がかかるであろう手作りのやり方にページを多く割いていますが、ぜひベビーフードも活用してくださいね。日本で補完食を実践する時、大変なのは初期と中期です。後期、完了期になると、鉄を強化したベビーフードも多くなりますので、初期と中期さえ乗り切れば楽になります。（初版の頃よりかなり増えましたが、ぜひ初期や中期から使える鉄強化したベビーフードを、さらにいろいろ開発してください、

ＷＨＯの「補完食」旧ガイドライン（日本語）はこちら↓

新ガイドライン（英語）はこちら↓

メーカーさん！）

もし余裕があれば、WHOの「補完食」も読んでみてください（インターネット上に無料で公開されており（利用時にかかるパケット通信料はご覧になる方のご負担となります）、日本語訳されています。右下のQRコードをスマートフォンで読み込んで見ることができます）。過去のガイドラインに沿ったものですし、少々わかりにくい部分もありますが、本書を読んでからですと理解しやすいと思います。

私のやり方は、あくまでも「補完食」の一例にすぎません。元の資料を読み、あなたのやりやすい「補完食」を実践してみてください。

この本はたくさんの方のサポートがあって誕生しました。「編集者ってこんなにすごいんだ」と気づかせてくださった大澤泉さん、非常に難しい内容に付き合ってくださった川口先生、離乳食で元気に育った長女と補完食で元気に育った次女、その2人を抱えて全力で助けてくれた夫、そしてX（旧：Twitter）を介して様々な形で支えてくださった方々、本当にありがとうございました。

本書が、いつかどこかの誰かのお役に立てることを祈って。

【著者】
相川晴（あいかわ・はる） @halproject00

2005 年某国立大学医学部卒、医師免許取得後、大学病院や関連病院に内科医として勤務。自身の妊娠や育児を通して有益と感じた情報を SNS 等で育児世代向けに発信しており、X（旧 Twitter)、Instagram では合わせて７．７万フォロワーを超える。
6 歳と 1 歳の娘がいる（初版時)。「いつかどこかで誰かの役に立てば」がモットー。

【監修者】
川口由美子（かわぐち・ゆみこ） @boshieiyou
母子栄養協会 代表理事 / 管理栄養士
大学で小児栄養学を研究後、企業にて離乳食開発を経て独立。現在は離乳食アドバイザー・幼児食アドバイザー等の各種養成を行う。E テレ「すくすく子育て」他出演。
主な著書に『脳とカラダがすくすく育つ！ママ＆パパのはじめてフリージング離乳食』（朝日新聞出版)、『1 週間分作りおき！フリージング幼児食』（大泉書店）ほか。

赤ちゃんのための補完食入門 改訂版

2025 年 3 月 21 日　第 1 刷

著者　相川晴
監修者　川口由美子
発行人　山田有司
発行所　株式会社　彩図社《さいずしゃ》
〒170-0005
東京都豊島区南大塚 3-24-4　ＭＴビル
TEL：03-5985-8213　FAX 03-5985-8224
URL：https://www.saiz.co.jp
https://x.com/saiz_sha
イラスト　マォ
印刷所　シナノ印刷株式会社

ISBN978-4-8013-0762-9　C0077
乱丁・落丁本はお取り替えいたします。